北京文博

文 丛

二〇二一年第二辑

北京市文物局 编

北京燕山出版社
BEIJING YANSHAN PRESS

图书在版编目（CIP）数据

北京文博文丛. 2021. 第2辑 / 《北京文博》编辑部

编. -- 北京：北京燕山出版社, 2021.9

ISBN 978-7-5402-6134-4

Ⅰ.①北… Ⅱ.①北… Ⅲ.①文物工作 – 北京 – 文集

②博物馆 – 工作 – 北京 – 文集 Ⅳ.①G269.271-53

中国版本图书馆CIP数据核字(2021)第160985号

ISBN 978-7-5402-6134-4

9 787540 261344 >

北京文博文丛·2021·第二辑

出版发行：北京燕山出版社有限公司

社　　　址：北京市丰台区东铁匠营苇子坑138号C座　　100079

责任编辑：郭　悦　　任　臻

版式设计：肖　晓

印　　刷：北京兰星球彩色印刷有限公司

开　　本：787mm×1092mm　1/16

印　　张：8

字　　数：181千字

版　　次：2021年9月第1版

印　　次：2021年9月第1次印刷

ISBN 978-7-5402-6134-4

定　　价：48.00元

北京文博

2021年第2辑（总104期）

北京史地

文物研究

考古研究

主办单位：北京市文物局

编辑出版：《北京文博》编辑部

北京燕山出版社

网址：http://wwj.beijing.gov.cn

邮箱：bjwb1995@126.com

目录 | Contents ||||||||||||||||||||||||||||||||||||||||||||||||||||||||||

声 明

　　本刊已许可中国知网以数字化方式复制、汇编、发行、信息网络传播本刊全文。本刊支付的稿酬已包含中国知网著作权使用费，所有署名作者向本刊提交文章发表之行为视为同意上述声明。如有异议，请在投稿时说明，本刊将按作者说明处理。

执行主编：韩建识

编辑部主任：高智伟

本辑编辑：韩建识　陈　倩
　　　　　高智伟　康乃瑶　侯海洋

Beijing Cultural Relics and Museums

No.2, 2021

Organizer: Beijing Municipal Administration

Bureau of Cultural Heritage

Edited and Published by the Editorial Department

of Beijing Wen Bo, Beijing Yanshan Press

URL:http://wwj.beijing.gov.cn

E-mail: bjwb1995@126.com

目录 | Contents ||||||||||||||||||||||||||||||||||||||||||||||||||||||||||||||||||||||||||||||||||

明清通州城城内空间布局复原研究

程 呈

通州，亦称北通州，古称"潞县"，位于北京市东南部，北临通惠河，东临大运河，西通北京城，"上拱京阙，下控天津"[①]。自元代至清末，通州城作为北京粮储转运的枢纽，紧握京城生存命脉。2014年6月22日，"大运河"申遗成功。通州作为通惠河北京旧城段、通惠河通州段周边的重要历史城市，作为大运河的北端枢纽，是运河文化不可或缺的组成部分。本文是在之前对明清时期通州城城池形态、街巷布局研究的基础上，进一步讨论通州城内的仓储、集市、庙宇、衙署在明清时期的空间布局情况，利用古今重叠型城址的研究方法，找寻出通州城城市内空间布局发展的轨迹，从而为今后该区域内协调发展、文化遗产保护提供参考，同时通过对通州城的研究，也可为其他同类运河城市的研究提供借鉴。

一、研究现状与方法

明清时期，通州作为通往北京漕运的关节点地位超然，民间有"一京二卫三通州"的说法。

对于通州城的研究历来主要集中在对其历史沿革、漕运以及与大运河之间的文化关系等方面。随着"世界遗产热"的兴起，学界逐渐意识到通州城对大运河文化研究的重要性，因此逐渐转向二者之间的关系研究。

2010年通州区政府决定大力开发以古运河为中心的核心区域建设，学界的研究方向则偏向于对通州城规划的水乡

规划区范围内文化遗产的价值进行全面的分析，认为通州城中的文化遗产才是通州城的价值所在[②]，以及通州的文化价值的体现应该着重于对通州城中的文化遗产的价值的探索[③]。而对于城市格局的研究，则一直是通州城研究的薄弱环节，而且也缺乏比较系统的研究方法。对于城内重点文化遗产的研究则比较分散，缺乏一种对城市整体布局的宏观研究。因此，对明清时期通州城空间布局复原的研究具有重要意义。

古今重叠型城址的研究方法可以通过文献收集与整理、田野调查和综合分析等三个方面[④]，利用文字资料（如：地方志、家谱、游记、回忆录、诗歌等）、图像资料（如：大比例尺地形图、古今地图、航拍图、卫星图等）作为基础，再结合对古建筑遗存、相关碑刻、墓葬、古井，甚至是古树等遗物的田野踏查逐步进行综合研究从而构成一些重要的"点"和"线"，最后利用这些"点"和"线"作为研究基础，扩展出一个较为全面的城市原貌，遵循"减法原则"[⑤]，由今至古地逐层复原古代城市功能结构。

本文将以古籍文献资料为基础，参考地名志、文物志等资料，并结合各时期地图史料对通州城进行实地调查，考察通州城现有古迹的数目、保存状况等，在原明清时期通州城城池形态、街巷布局研究[⑥]的基础上，进一步考证通州城在明清时期的城市内衙署、仓储、宗教建筑等空间布局情况，并整理分析城市分布格局的成因。

基本调查范围主要为通惠河通州区

段及其以南，北运河以西，玉带河大街以北，北苑南路以东地区。调查重点包括现存遗迹和街道、水系周围等。另有2007年4月至2011年12月第三次全国文物普查所获通州区老城区范围内现存古建筑遗址约八处，老城区周围若干遗址为重点踏查对象。

二、城内建置沿革

通州早期便有城。元代时其城池位置应为明代通州旧城东北部地区。明洪武元年（1368）闰七月，明军攻克通州城，并命燕山中闽侯孙兴祖督军士修通州城。正统年间（1436—1449），总督粮储太监李德与镇守通州指挥使陈信等奏请抢筑新城，意在将建在旧城西门外的西、南仓围于城中以加强保护。后正德六年（1511）、万历十九年（1591）、康熙九年（1670）多有修造。乾隆三十年（1765）总督方观承奏请重修新旧城，使得二城合二为一。

原通州旧城内有四条主街，相交组成双"丁"字格局，而新城道路因城门位置和城中仓储的位置影响呈现"8"形道路格局。且在明清时期旧城中有水道穿城而过，自旧城西墙西水门流入，向东穿旧城北部，自旧城东墙东水门流出，向南汇入大运河，担任着城内水道运输的重要任务。

通州城的整体发展是由北向南，由东到西的方向[7]。而其筑城的原因与其作为大运河起点仓储重地的功用有着紧密联系。因此其城内衙署、仓储、宗教建筑等均受此影响，呈现独特的空间布局。

（一）衙署

明代文献中将通州衙署分文职公署与武职公署，文职公署有州治、东察院、工部管河分司、税课司、太仆馆、府馆、道正司、僧正司等；武职公署有神武中卫、定边衛、通州卫、通州左卫、通州右卫、漕帅府、锦衣馆、分守衛等，且大部分衙署均分布于通州城旧城。而新城中仅有文职公署六座，分别为尚书府、忠瑞馆、户部分司、忠敬馆、西察院和工部厂。

明洪武三年（1370）始建通州州治位于旧城"城北门内以西"[8]，明代北门内大街西，司空分署街北。天顺六年（1462）时毁于火灾，后知州何源组织修缮。崇祯十七年（1644），李自成路过通州城，兵灾致"州治堂舍多毁"[9]（表一）。

州治西为儒学，沿用了元代的儒学建筑。再往西为太仆馆，俗呼验马厅，"南北三十步，四围栽柳，点马之时，人马俱得休息。"[10]嘉靖年间，验马厅破败，"今馆基及池，俱为居民占焉。"[11]今通州区大成街以北有三教庙一座，庙南为明清时期儒学所在地，庙西因拆改多为废墟，庙东2017年为大片空地，今已改造为一片水域。从民国时期的地图中可以看出，东侧为原民国时通县治所所在地。清代初期多沿用明代衙署。康熙十八年（1679），通州地震，州治及大多数衙署尽圮，后又在原址重修，直至民国时仍被沿用未曾改变。

在州治东南，旧城北大街以东，有东察院一座，"为凡御史有事于境所居之所"[12]。东察院西为北门内大街。成化年间，在东察院东有府馆一座，为知州傅皓建。

通州原有卫所，为明代洪武年间所设，后永乐年间又进行了重置和添加，构成了通州五卫所的军事管理体系。明洪武三十三年（1400，即建文二年），添置神武中卫于钟鼓楼后西北，据嘉靖《通州志略》及其他相关史料可推测，其位置北临关帝庙胡同，东临通州旧城北大街。洪武三十五年（1402，即建文四年）设通州卫于州治东南，通州卫由普通卫所转变为由亲军指挥使司任，隶属兵部的重要卫所。据嘉靖《通州志略》及其他相关史料可推测，其西临通州旧城北大街，东临通州卫大街，南临通州旧城东大街，北临靳家胡同。洪武三十五年（建文四年，1402）添设定边衛在州治西南，具体位置无考，仅

表一 州治

朝代	年代	州治	文献
明	洪武三年	城北门内以西……国朝洪武三年建于此。	嘉靖二十八年《通州志略》卷二建置志·公署，第23页。
		州治在元以前莫可考，明洪武三年始建于北门以西……	康熙三十六年《通州志》卷之二，第6页。
	永乐八年	知州方伯大重修。	嘉靖二十八年《通州志略》。
	景泰三年	知州夏昂再修。	
	天顺六年	毁于回禄，知州何源修之。	
	成化年间	知州孙礼、傅皓相继修葺。	
	嘉靖十年	知州霍准重修。	
	嘉靖二十五年	东西六房倾圮，知州汪有执修之。	
	崇祯十七年	李自成……州治堂舍多毁。	
清	康熙十八年	地震；州治建筑尽圮。	《通州文物志》，第95页。
	康熙三十年	两届知州重修。	
	光绪九年	规制依然。	
民国	1914年	通县治所。	
今	2017—2021年	无存。位置约在今三教庙西，已为一片新建水域。	

在州治西南、旧城西大街以北、旧城北大街街西有定边街一条。明代建文元年（1399）七月四日，明成祖朱棣发动"靖难之役"，因通州城靠近北平，因此军事防御得到了空前的加强，成为了守卫北平城的军事要塞。另一方面，在明成祖登基以后由于将京师迁往北平，使得通州的军事地位更加重要。为了巩固自己的根基，永乐元年，又添建通州左卫、通州右卫，具体位置暂不可考，仅从史料可知其均位于通州城旧城，且偏于旧城城北。永乐年间，又在州治东南添设通州左卫，在东察院前添设通州右卫。

由于通州城地处运河要塞，明代统治者为通州城的漕运和仓储管理建设了许多衙署。嘉靖六年（1527），修通惠河以行粮运，建管河衙门工部管河分司于州治西南，置郎中一员领之，"奉勅行事，职主通惠河，兼管天津一带漕运河道"[13]。同时将州治前街道口的楼命名为"奎星楼"，楼上嵌有石匾"司空分署街"字样，街道也因此而得名。

明代通州大部分关于漕运和仓储管理的衙署都分布在新城内。永乐年间（1403—1424）置忠瑞馆于西仓，"旧乃

总督粮储太监居之"[14]。嘉靖年间革去总督粮储太监后，用于户部坐粮员外移居住。宣德年间，在忠瑞馆后又置忠敬馆三所，亦为"旧监督粮储太监居"[15]，后改为户部管粮主事居住。又在大运西仓东南建户部分司，用于户部管粮员外主事居住，以监出纳之政，"每粮运涌至之时，户部量差办事，进士三四员协助收粮，事完回部"[16]。景泰二年（1451），巡仓御史程敬奏建西察院在忠瑞馆西，用于巡仓御史专住。景泰年间，在新城南门内以东，户部分司南建尚书府，"户部督粮储尚书侍郎巡视时居之"[17]。为了更好地看管大运西仓与南仓，宣德元年（1426）至景泰二年，新城先后又添置了户部分司、尚书府、西察院等，主要为巡仓、管理的官员居住所用。另有工部厂"乃营缮分司，专以督修大运仓庾，以储军饷，其所由来久矣"[18]。《工部修仓分司题名记》记载"通州新城之西南隅为工部厂……"[19]。

史料中并未记载新城有武职公署。然而据考证可知，武职公署锦衣馆初在靖嘉寺内方丈东室设立，后弘治年间改置于西察院东，"锦衣卫每季差千百户各一员，

领旗校居此，缉捕盗贼"[20]。

按照明代规定，通州置专门管理僧道的僧正司与道正司。但二司均未有独立衙署，寄居在城内两座年代久、影响力深远的寺观之内。僧正司位于通州旧城东北部的靖嘉寺内，道正司位于旧城西南部的悟仙观。

从功能和位置上来分析，明代通州城衙署可分为四类。第一类为基础衙署，如州治、儒学等多集中在旧城北部；第二类为军备衙署，如通州卫等，位置多集中在旧城东门大街两侧；第三类为漕运衙署，如户部分司、尚书府、西察院等；第四类，宗教管理衙署，如僧正司、道正司等，位于城内名望较高、历史悠久的寺观之内。

清代基本沿用明代的衙署建筑。州治依然在城北门内以西，今通州区大成街以北，三教庙以东。康熙十八年（1679），

因地震，州治建筑尽圮。直到康熙三十年（1691）后，先后两任知州对其进行了重修。光绪九年（1883）规制依然。

比之明代，因仓储管理需求的增大，清代时将原有供仓储太监居住的忠敬馆改为专门管理仓场事宜的衙署，将忠瑞馆改为直属户部的坐粮厅。清代忠瑞馆改为坐粮厅署，名称虽有所变化，职能却并没有太多转变，坐粮厅在清代依然为掌管漕粮的重要部门，仅增加了掌管军队粮饷的职能。

另有小部分衙署做了改动与添建。明代位于旧城的东察院用作试院，担任科举考试之用。道正司从悟仙观改置于城隍庙内，但僧正司仍置于靖嘉寺内。并相继在原旧城区域内添建了理事厅等衙署，在原新城区域添建了协镇府、左营都司署、都闰府等衙署（表二）。

表二 其他衙署

朝代	年代	东察院（明）→试院（清）	文献
明		在州治东南。	嘉靖二十八年《通州志略》卷二建置志·公署，第24页。
		正厅：五间，后堂：五间，正厅前东西廊房：各二间；后堂前：东厨房二间，西书房二间，后楼：三间。嘉靖十三年建，收藏巡按御史文卷。门厅：一间，两旁小角门各一座。大门：三间。	
清	康熙年间	在州治东南隅，旧志云即察院改作试院。	康熙三十六年《通州志》卷之二建置·城池，第14页。
	康熙十八年	地震圮。	
	康熙二十一年	知州于成龙建署内，东西配房各三间。	
	康熙二十九年	学院李公应鹰、通永道孟公卜、霸昌道许公兆麟、知州程俊修东西号舍。	
	康熙三十二年	学院顾公藻、通永道沈公志达、知州王光谟，建正房五间。以后，修葺案俱无考。	
	乾隆三十八年	东路同知曹元瑞议禀，岁科两试考棚供应事，宜经直隶总督批司议定，每逢考试之前，先于通永、霸昌二道库贮棚建项下籍拨银两应用，再按大中小治提解归款岁试，挪银八百二十五两。可是挪银六百二十两。	
	光绪元年	知州高建勋劝捐置东墙外地基添盖上房三间，东西厢房六间，并堂号大号卓凳公案门窗等项。	光绪九年《通州志》卷之二建置·试院，第14页。
		大门一座；二门一座；东号舍舍四十二间；大堂三间（抱厦三间，东西厢房六间）；川堂三间（东西土平房十一间）；大厅五间（东西厢房六间，平台二间）；东院上房三间（东西厢房六间）。	
今	2017—2021年	无存。	

朝代	年代	僧正司	文献
明		在靖嘉寺内。	嘉靖二十八年《通州志略》卷二建置志·公署，第27页。
清	康熙四十八年	在靖嘉寺。	康熙三十六年《通州志》卷之二，第8页。
今	2017—2021年	无存。	

朝代	年代	道正司	文献
明		在悟仙观内。	嘉靖二十八年《通州志略》卷二建置志·公署，第27页。
清	康熙三十六年	在城隍庙。	康熙三十六年《通州志》卷之二，第8页。
今	2017—2021年	无存。	

朝代	年代	工部管河分司	文献
明	嘉靖六年	在州治西南。嘉靖六年，修通惠河以行粮运，遂建管河衙门，置郎中一员领之，三年一代，自通州至天津一带运河，皆属督理，专为运事也。	嘉靖二十八年《通州志略》卷二建置志·公署，第25页。
		正厅：五间；后堂：五间；正厅前东西厢房：各三间；后堂前东西厢房：各三间；仪门：一间，两旁角门各一座；大门：三间。	
今	2017—2021年	无存。	

朝代	年代	太仆馆	文献
明		俗呼验马厅，在儒学西。宣德间置太仆寺，分管寺丞出巡及本州管马官点视马匹，于此居之。	嘉靖二十八年《通州志略》卷二建置志·公署，第26页。
		正厅：三间；祠堂：一间，在厅左，祀马神。大门：一间南有饮马池，东西七十步。南北三十步，四围栽柳，点马之时，人马俱得休息。今馆基及池，俱为居民占焉。	
今	2017—2021年	无存。	

朝代	年代	府馆	文献
明	成化年间	在东察院东。成化间知州傅皓建。	嘉靖二十八年《通州志略》卷二建置志·公署，第24页。
		正厅：三间；后堂：三间；后堂前：东厨房二间，西书房二间。仪门：一间，两旁角门各一座。大门：三间。	
今	2017—2021年	无存。	

朝代	年代	神武中卫	文献
明		在钟鼓楼后西北，洪武三十三年添置。	嘉靖二十八年《通州志略》卷二建置志·公署，第28页。
		正厅：三间；后堂：三间；经历厅：一间；镇抚厅：一间；东吏户礼房：三间；西兵刑工房：三间；左右中前后五千所镇抚监：二间；军器库房：二间；仪门：一间；大门：一间。	
今	2017—2021年	无存。位置约今通州北大街路西。	

朝代	年代	通州卫	文献
明		系亲军指挥使司任，隶兵部，在州治东南，洪武三十五年设。	嘉靖二十八年《通州志略》卷二建置志·公署，第28页。
		正厅：□间；后堂：□间；经历厅：□间；镇抚厅：□间；东西六房：各十间；左右中前后五千户所仪门：三间；大门：三间。	
今	2017—2021年	无存。位置约今通州北大街路东。	

朝代	年代	通州右卫	文献
明		在东察院前，永乐间添设。	嘉靖二十八年《通州志略》卷二建置志·公署，第28页。
		正厅：三间；后堂：三间；经历厅：一间；镇抚厅：一间；东吏户礼房：三间；西兵刑工房：三间；东西耳房：各二间；左右中前后五千所镇抚监：二间；预备仓：三间；军器库房：二间；仪门；大门。	
今	2017—2021年	无存	

朝代	年代	通州左卫	文献
明		在州治东南，永乐间添设。	嘉靖二十八年《通州志略》卷二建置志·公署，第28页。
		正厅：三间；后堂：三间；经历厅：一间；镇抚厅：一间；东吏户礼房：五间；西兵刑工房：无；左右中三所镇抚监：五间；预备仓：三间；军器库房：二间；仪门：一间；大门：三间。	
今	2017—2021年	无存。	

朝代	年代	锦衣馆	文献
明	弘治年间	旧在靖嘉寺内方丈东。弘治间改置于新城西察院东。锦衣卫每季差千百户各一员，领旗校居此，缉捕盗贼。	嘉靖二十八年《通州志略》卷二建置志·公署，第28页。
		正厅：三间；后堂：三间；正厅前东西厢房：各三间；后堂前东西厢房：各三间；大门：三间。	
今	2017—2021年	无存。	

朝代	年代	定边街	文献
明		在州治西南，洪武三十五年添设。	嘉靖二十八年《通州志略》卷二建置志·公署，第29页。
		正厅：三间；后堂：三间；经历厅：一间；镇抚厅：一间；东吏户礼房：三间；西兵刑工房：三间；左右中前后五千所镇抚监：五间；预备仓：三间；军器库房：二间；仪门：三间；大门：三间。	
今	2017—2021年	无存。	

朝代	年代	兵备道署→通永道司（康熙）→通永道衙门	文献
清	康熙三十六年	在户部坐运署右，旧为兵备道署（旧城）。	康熙三十六年《通州志》卷之二，第7页。
	乾隆年间	在州城内天恩胡同偏东。	乾隆四十八年《通州志》卷之二·建置·城池，第11页。
	光绪九年		光绪九年《通州志》卷之二建置·仓库狱房，第11页。

今	2017—2021年	无存。	
朝代	年代	中南仓监督署	文献
清	康熙三十六年	在南门内（旧城）。	康熙三十六年《通州志》卷之二，第7页。
今	2017—2021年	无存。	
朝代	年代	漕储道司	文献
清	康熙三十六年	在漕院东，今为民宅。	康熙三十六年《通州志》卷之二，第8页。
今	2017—2021年	无存。	
朝代	年代	漕院公署	文献
清		在东察院东，今废为民宅。	康熙三十六年《通州志》卷之二，第8页。
今	2017—2021年	无存。	
朝代	年代	大运中仓监督署	文献
清	乾隆年间	在旧城南门内。	乾隆四十八年《通州志》卷之二·建置·城池，第11页。
	光绪九年	在旧城南门内，今圮赁民房。	光绪九年《通州志》卷之二建置·仓库狱房，第11页。
民国		拆。	《通州文物志》。
今	2017—2021年	无存。	
朝代	年代	理事粮马通判署（理事厅署）	文献
清	乾隆年间	在州旧城内西街。	乾隆四十八年《通州志》卷之二建置·城池，第11页。
	光绪二十六	毁。	光绪九年《通州志》卷之二建置仓库狱房，第11页。
	文革	拆。	《通州文物志》。
今	2017—2021年	无存。	
朝代	年代	尚书府（明）→总兵府→仓场总督衙门（康熙）→粮储总督署仓场总督署（清）→仓场总督衙门（光绪）	文献
明	景泰年间	在新城南门内以东。景泰间建。户部督粮储尚书侍郎巡视居之。	嘉靖二十八年《通州志略》卷二建置志·公署，第24页。
		正厅：三间；后堂：三间；正厅前东西厢房：各三间；后堂前东西厢房：各三间；书房：三间；后房：三间；东西小：□□间；仪门：□□；□□：六间；大门：□□□□□□□□□—在新城南门外。	
清	康熙三十六年	在南门东，即旧尚书馆，后又为总兵府，今改此。	康熙三十六年《通州志》卷之二，第8页。
	光绪九年	在州新城南门东，即旧尚书府、总兵府改建。	光绪九年《通州志》卷之二建置·仓库狱房，第10页。
	光绪二十六年	八国联军毁。	《通州文物志》，第102页。
民国		拆改。	
今	2017—2021年	无存。	

朝代	年代	忠瑞馆（明）→户部坐粮厅署（清）	文献
明	嘉靖年间	在新城西察院东。旧乃总督粮储太监居之。嘉靖间革去太监，今户部坐粮员外移居之。	嘉靖二十八年《通州志略》卷二建置志·公署，第25页。
		正厅：三间；后堂：三间；正厅前东西厢房：各三间；后堂前东西厢房：各三间；书房：三间；书办房：六间；仪门：三间；大门：三间。	
清	康熙三十六年	坐粮厅署：在西察院东，即旧忠瑞馆。	康熙三十六年《通州志》卷之二，第8页。
		在州新城内西察院东。	乾隆四十八年《通州志》卷之二建置·城池，第11页。
	光绪九年	在州新城内西察院东，即旧忠瑞馆。	光绪九年《通州志》卷之二建置·仓库狱房，第10页。
	光绪二十六	八国联军毁。	《通州文物志》，第102页。
	20世纪60年代左右	拆。	
今	2017—2021年	无存。	

朝代	年代	户部分司	文献
明		在尚书馆后。户部管粮员外主事居之。	嘉靖二十八年《通州志略》卷二建置志·公署，第24页。
		团厅：三间；左右厢房：各三间；员外衙一所；主事衙四所；大门：一间，有鼓楼；伺候亭一所：二间；协助厅一所：在正厅东，南北相对，六间。每粮运涌至之时，户部量差办事，进士三四员协助收粮，事完回部。	
清	康熙三十六年	今入仓场衙门内。	康熙三十六年《通州志》卷之二，第8页。
	光绪二十六年	八国联军毁。	《通州文物志》，第102页。
民国		拆改。	
今	2017—2021年	无存。	

朝代	年代	忠敬馆（明）→大运西仓监督署（清）	文献
明		在忠瑞馆后。三所。旧监督两处太监居之。嘉靖间革太监。今户部管粮主事居之。	嘉靖二十八年《通州志略》卷二建置志·公署，第25页。
		正厅：各三间；后堂：各三间；正厅前东西厢房：各六间；后堂前东西厢房：各六间；书办房各二间；皂隶房二间；后园凉亭各一座；仪门：一间；大门：一间。	
清	康熙三十六年	西仓监督署：在坐粮厅后，即旧忠敬馆。	康熙三十六年《通州志》卷之二，第8页。
		在坐粮厅署后。	乾隆四十八年《通州志》卷之二建置·城池，第11页。
	光绪九年	在坐粮厅署后，即旧忠敬馆。	光绪九年《通州志》卷之二建置·仓库狱房第11页。
	光绪二十六年	八国联军毁。	《通州文物志》，第102页。
民国		拆改	
今	2017—2021年	无存。	

续表

朝代	年代	工部厂	文献
明		通州设工部衙门有二。其一曰厂，乃营缮分司，专以督修大运仓庾，以储军饷，其所由来久矣。	嘉靖二十八年《通州志略》卷十三艺文志·文类，第253—254页。
		《工部修仓分司题名记》："通州城址西南隅为工部厂……"。	
今	2017—2021年	无存。	

朝代	年代	通协副总府衙门	文献
清	乾隆年间	在州新城西门内帅府街。	光绪九年《通州志》卷之二建置·衙署，第12页。
	光绪九年		
今	2017—2021年	无存。	

（二）仓库

明清时期仓储的设置主要集中在旧城南部与新城中。明代永乐年间迁都北京，漕运量大大增加。永乐五年（1407），"淮安、河南漕运皆至通州……建仓庾以贮所漕运之粟"[21]。永乐七年（1409）设通州卫仓，即西仓。后又建中仓于旧城南门里以西。"正统元年丁未，定通州五卫仓名，在城中者为大运中仓，城内东者为大运东仓，城外西者为大运西仓，又令修通州等仓一百四十三间"[22]。"天顺三年辛巳，又令增盖通州仓廒三百间"[23]。景泰、天顺、弘治等年间均有添建。

清代保留了明代所建的大运西仓、大运南仓与大运中仓，并且在康熙三十一年（1682），知州王光谟始于州南门内草场胡同建常平仓，可惜"规制狭隘，积久坍废"[24]。雍正九年（1731），知州朱煌又将它挪至旧城北部的添喜胡同，"何思恭入官房屋三十七间详奉作仓"[25]，然而这些官房皆为民房旧式，并不符合仓储建筑制度，不久陆续倒塌。乾隆三十一年（1766），据知州曹元瑞上报，"旧仓仅存大门一间，仓神庙一间，废房二十二间，日久倾圮"[26]。直至光绪年间，该仓依然存在，但其因为是后期添建，想要打破城内已然形成的基本空间布局非常艰难，因此始终在规模、地位方面远不及明代所建的西、南、中三仓。今通州区红旗机电厂所在地尚存清代大运西仓仓墙残段[27]，而大运中仓尚存有仓墙遗址（图四），2001年被列为通州区文博单位。清代末期仓场被废后，建筑多倾圮，1938年该处被通县日本警备队、警备队操场和公共体育场所用。1954年时改为第一炮校、炮校操场和河北通师操场。该处南、北两面有新城南街与中山大街，分别呈"西北—东南"与"西南—东北"走向，应为原仓库外形导致。据记载，这两条街道明清时期就已存在，分别名为仓道与西门大街（或新城北街）（表三）。

（三）市集

明清时期，通州城中市集主要分布在旧城通惠河支流两侧，形成数条或垂直或平行的商业带。而新城中却并没有出现市集的记载。

明代通州旧城中形成了自旧城东门至闸桥的商业带。东大街北侧由东至西依次为果市（南、北侧俱有）、磁（瓷）器市场、布缕市、米市、鱼市等；通惠河城内支流南侧依次为果市、杂货市、驴马市、杂粮市、牛市等，仅有猪市位于南门外。这种商业带的形成与城中东大街与通惠河支流的运输能力有着直接的关系。

清代时期，杂粮市由牛市东改到了东关，柴市由南门内大街改到了南门外石桥南，南北果市由东门内改在了鼓楼以北。集市分布不再集中于城中通惠河支流与东大街的两侧。今通州区仍保留着"鱼市胡同"等相关地名。今南大街两侧多为回族

表三　仓储

朝代	年代	大运东仓	文献
明	永乐年间	在旧城南门里以东。永乐间建。廒一十五连，四十一座，计二百五间。囤基一百八个。内有神武中卫仓小官厅一座，挚斛厅一座，神南右北三门一间。	嘉靖二十八年《通州志略》卷三漕运志·仓场，第44页。
今	2017—2021年	无存。	
朝代	年代	大运南仓	文献
明	天顺年间	在新城南门里以西。天顺间添置。廒二十八连，一百二十三座，计六百一十五间。囤基二百九十二个。内有各卫仓小官厅四座，筹房各二间，各门挚斛厅各一座，东北二门各三间，内板木场一处，门一间，官厅一间。每年收贮各运松板楞木，专备铺垫各廒用。	嘉靖二十八年《通州志略》卷三漕运志·仓场，第44页。
今	2017—2021年	无存。	
朝代	年代	大运西仓	文献
明	永乐年间	旧城西门外新城之中，俗呼大仓。永乐间建。廒九十七连，三百九十三座，计二千一十八间。囤基八百四十四个。内有大都储官厅一座，监督厅一座，各卫仓小官厅六座，筹房各二间，井二口，各门挚斛厅各一座，西南北三门三间。	嘉靖二十八年《通州志略》卷三漕运志·仓场，第44页。
今	2017—2021年	无存。位置约在今通州区红旗机电厂院内。	
朝代	年代	大运中仓	文献
明	永乐年间	在旧城南门里以西。永乐间建。廒四十五连，一百四十五座，计七百二十三间。囤基二百二十二个。内有大官厅一座，东门挚斛厅一座，南北二门内各有增福庙，前接一轩，作挚斛厅。各卫仓小官厅五座，筹房各二间，井一口，东南北三门三间。	嘉靖二十八年《通州志略》卷三漕运志·仓场，第44页。
今	2017—2021年	仅余中仓仓墙遗址，2001年列为通州区文博单位。	
朝代	年代	常平仓	文献
清	康熙三十一年	知州王光谟始于州南门内草场胡同建常平仓，规制狭隘，积久坍废。	乾隆四十八年《通州志》卷之二建署·仓库狱房，第7页。
	雍正九年	知州朱煌以坐落天喜胡同何思恭入官房屋三十七间详奉作仓，陆续倒坍，且系民房旧式，并非仓制。历任俱借用民房或用席屯收贮米石。	
	乾隆三十一年	在州城内天喜胡同。 知州曹元瑞以旧仓仅存未办。	
		大门一间；仓神庙一间；廒房二十二间；日久倾圮。	
	乾隆四十四年	知州高天凤详准即将坐落天喜胡同何思恭入官房屋旧址改建以官房拆卸及草厂胡同坍朽旧料……。	
	乾隆四十八年	在州城内天喜胡同。	
		大门一间；仓廒二十间；官厅登记所二间；仓神庙一间；斗级房二间。	
	光绪年间	在州城内天喜胡同。	光绪九年《通州志》卷之二建置·仓库狱房，第9页。
		额储谷一万五千七百六十九石零；大门一间。	
今	2017—2021年	无存。	

居民，主要从事回民餐饮及牛羊肉店等商业活动（表四）。

（四）宗教建筑

城市中宗教场所的建设一方面与国家礼制有关，一方面则是与城内居民的数

表四 市集

朝代	年代	米市	文献
清	乾隆	在州城内鼓楼前东街口。	乾隆四十八年《通州志》卷之一封域·市集，第41页。
		在鼓楼楼前。	康熙三十六年《通州志》卷之一，第13页。

朝代	年代	杂粮市	文献
清		就在牛市东，今改东关，有二十余口。	同上。

朝代	年代	柴市	文献
清	乾隆	就在州南门内大街，今在南门外石桥南。	乾隆四十八年《通州志》卷之一封域·市集，第41页。

朝代	年代	猪市	文献
清	乾隆	在州南门外。	同上。

朝代	年代	牛市	文献
清	乾隆	在州城中十字街。	同上。
		在城中十字街。	康熙三十六年《通州志》卷之一，第14页。

朝代	年代	骡马市	文献
清	乾隆	在牛市东小市。	乾隆四十八年《通州志》卷之一封域·市集，第41页。
		在旧城南门外。	康熙三十六年《通州志》卷之一，第14页。
		在牛市东小市。	康熙三十六年《通州志》卷之一，第14页。

朝代	年代	猪市	文献
清		在旧城南门外。	康熙三十六年《通州志》卷之一，第14页。

朝代	年代	鱼市	文献
清		旧在州城内鼓楼前西街，今在十字街南口。	乾隆四十八年《通州志》卷之一封域·市集，第41页。
		在闸桥北。	康熙三十六年《通州志》卷之一，第14页。
		在鼓楼迤西。	康熙三十六年《通州志》卷之一，第14页。

朝代	年代	布绢市	文献
清		在闸桥北。	康熙三十六年《通州志》卷之一，第14页。

朝代	年代	果市	文献
清		在东门之东。	同上。

朝代	年代	南北果市	文献
清		旧在州东门内，今在鼓楼后。	乾隆四十八年《通州志》卷之一封域·市集，第41页。

朝代	年代	州东关集场	文献
清		按日集期即杂粮市，旧在牛市东，后移东关。	同上。

朝代	年代	州北关集场	文献
清		按日集期即杂粮市。	同上。

图一 大成门（老照片）

图二 今通州三教庙外景（2021年3月拍摄）

量、来源有着直接关系。明代通州地区寺观"不下百六十有奇"[28]，通州城内就不下二十座（图一、图二）。除了明代以前遗留下来的位于旧城北部北门内大街西侧的文庙、佑胜教寺、燃灯佛舍利塔、关帝庙等，东侧主要有靖嘉寺、静安寺等；位于旧城南部南大街东侧主要有元代所建悟仙观等。到了清代时期，除了继续沿用明代遗留下来的文庙、佑胜教寺等外，还新添了许多寺观，并且在新城中也出现了观音寺等佛教寺庙。清代有史可查的城内祠寺观庙大致有六十多座。比之明代数量方面翻了三倍多。

首先，明清时期沿用了元代的文庙。据嘉靖《通州志略》所载，元代大德二年（1298）时，知州赵居礼建儒学于州治西，具体情况无考。"明永乐十四年重修，正统十二年再葺，有弋阳李奎碑记"[29]。明代弘治年间时，知州邵贤修建棂星门三间。正德年间，巡抚都御史芜湖李贡视学时觉得"明伦厅事浅狭，不便周旋。又以学西逼佑胜寺"[30]，因此提议将文庙迁移到佑胜教寺，后因升迁搁置。清代时期，文庙得到沿用。

至现代仅存清代大成殿建筑一座，位于今通州区三教庙内，与佑胜教寺和紫清宫呈倒"品"字形排列。大成殿坐北朝南面阔五间歇山顶，大殿前后有廊。殿内藻井为天花团鸿图，和玺彩画，金砖墁地，殿前设杏坛。殿后有圣训亭一座、古井一口，始建年代不详。大殿西侧有康熙二十一年（1682）《重修通州学馆碑》一座，清代雍正元年（1723）"集贤碑"一座。文庙后西北为佑胜教寺（图三），现有清式建筑若干，古树一棵。庙西为燃灯塔一座，塔为密檐式八角形十三层砖木结构实心塔，塔全高56米，由须弥座、十三层塔身与二层莲台塔刹三大部分构成，塔座上嵌有佛像、神兽和各种纹饰等，塔角都悬挂铜铃，为北京地区最高最大的塔。明代文献中并无佑胜教寺记载，在城图中也仅见燃灯塔记载，故推测当时燃灯塔应在佑胜教寺内。庙内有民国时期所立《重修通县胜教寺记碑》一座，碑中记载"……在光绪

图三 佑胜教寺燃灯塔（老照片）

图四 紫清宫（老照片）

图五 城隍庙牌楼及山门，佚名，约1938年

壬午前……添建东院紫清宫，移紫清真君于东殿，奉为专祠……"③现仅存一进清式建筑院落（图四），修整中，暂不对外开放。

明代城隍信仰十分鼎盛。明太祖朱元璋曾下令每城必置城隍庙进行祭祀，并将城隍神列入国家祭祀神灵的范围。通州城隍庙（图五），位于旧城西南隅，中仓胡同南侧，洪武年间建造。天顺、成化年间道士花全敬、刘敏元等先后修葺。弘治时期，寺庙毁于大火。后在正德初年，又由指挥王宣、知州邓淳倡募州人王鹰等十三人进行了重建，碑记重修时"一新制作，充拓其旧规。殿庑亭户，靓深高奕"③。清康熙、乾隆、嘉庆年间时，亦均有修建记载。道光二十二年（1842），城隍庙大殿寝宫起火，"道士樊嗣镇募州绅毛毓琇、朱埥劝官绅商民捐重建，并添修诸殿配房等间"③。清代末期，城隍

庙开始衰落。咸丰七年（1857），在州城隍庙后殿西院敕建殿三楹、碑二，为李壮烈公专祠。今中仓西已为居民小区，不见城隍庙遗迹，有照片显示1938年城隍庙庙门一座③。

常国公庙，明洪武间敕建，在旧城南门内东南隅。庙内祀开国平忠武王常遇春，以燕山侯孙兴祖配祀，每年春秋上丁致祀。常遇春（1330—1369）是明朝的开国名将，曾带兵至通州而不扰民，深受当地百姓们的爱戴。"王先至通州，禁侵暴，务安辑，人不知兵，市不易肆，皆爱戴如父母"③。第二年，"虏复侵通州，王还兵拒之"③。常遇春死后，灵柩路过通州，"州人皆罢市迎哭"③，朱元璋下旨建造祠庙以祭奠。正统十二年勅修，吏部尚书王直为其撰碑记。从碑记中可知正统十二年"今天子又新而大之"③，对庙宇进行重修，庙内拥有"作正殿，翼以两厢，前起三门，旁列厨库"③。清代时祠庙已不复存在。

国家礼制的需要促使通州城中建有文庙、城隍庙、常国公庙等宗教建筑。而居民数量的增加，人口流动性的增强造成明清时期通州城内宗教建筑种类的增多，分布范围的扩大。城内除了佑胜教寺、燃灯佛舍利塔、关帝庙、靖嘉寺、静安寺、悟仙观、天妃宫等明代以前的寺观，明清时期先后在旧城中建立了华严寺、白马关帝庙、碧霞行宫、碧霞元君庙、关帝庙、鬼王庙、火神庙、监斋庙、文昌祠、许真君庙、药王庙、真武庙、弥陀庵等四十多座寺观，遍布旧城大街小巷。

自元代起，旧城东南有众多回回人聚居，并建立礼拜寺"在州城内大条胡同"④。"正德十四年暨万历二十一年重修"④。明正德十四年（1519），暨万历二十一年（1593）重修时"将通州左卫废址扩入重修，遂以寺宇规模弘壮著称北运河畔"④，改名清真寺。2005年3月，北京市文物研究所配合通州区清真寺二期复建工程对寺庙部分遗址进行了考古发掘，

图六 今通州清真寺（2017年拍摄）

图七 清真寺（老照片）

总面积约200多平方米，共清理出清代邦克楼等遗存四处[43]。现存清真寺（图六、图七）建筑，为清式建筑，整体呈曲尺形。寺院北为回民胡同，东为清真寺胡同和中街胡同北端，南为马家胡同，西为南大街。

但是，旧城东南隅并不是回回人的专区。随着城中人口的增加，旧城东南隅出现了民族融合的现象。万历二十七年（1599），在州旧城内东南隅，建莲花寺（莲华寺），清代又在此范围内建紫竹庵一座，从名称来看应为佛教寺庙建

筑。现存通州区南大街东侧有"莲花寺胡同""紫竹庵胡同"地名，2017年考察时仍可见莲花寺胡同与紫竹庵胡同东段中存有巨型石条、抱鼓石等清代寺庙遗物，2021年，两胡同经过整修遗物已不见踪影。结合明清时期通州城图推测此处应为明清时期莲花寺与清代紫竹庵所在地。从位置来看，这两座佛寺应在回回人聚居区域之中或紧紧相连。

通州城临水而居，因漕运而兴旺，因此城中也有许多与水有关的宗教建筑。明万历三十四年（1606），在西水关旁建三官庙。明万历年间（1573—1620），建张相公庙于州治南，内供奉张姓神仙，"本浙之萧山人，入水为神。万历时有浙人经商于此，获神庇佑，于是立庙供奉"[44]。

明清时期，通州新城宗教建筑发展较为缓慢。明代万历年间才开始出现有关寺观的记载。至清代新城中寺观才开始增多起来。通州旧城西门外原有元灵观，亦有称"玄灵观"[45]，明永乐年间在州新城西门内，"赐额勒一道、经一藏"[46]。观外建知州王光谟生祠，在嘉靖年间已废。明正统十四年（1449）建立新城后，将元灵观囊括入新城内，位于新城西北城角，后一直没有新的寺观出现的记载。直至万历年间，通州新城中开始出现佛寺和祠庙。在州新城西北隅建法华庵一座，万历年间建造，又名法华禅林。新城北后街有观音堂一座，始建无考，具体位置应在明代新城后街北侧，今新华南路以东、中山大街以北。明《通州志略·节妇》中有载，嘉靖年间神武中卫舍人许绅病死于旧城西门外，其妻叶氏悲恸不已，三天三夜没有进食，"竟死尸旁"[47]。《烈妇叶氏墓碑记》也记载："嘉靖甲午三月乙亥，通州旧城西观音堂之东，有寝人许绅道卒，厥妻叶氏死之……"每年春秋上丁致祭。侍郎李廷、御史马经纶皆撰写碑记，知州黄成章以节妇林氏神主附祭叶祠，"额曰：千万年双节之祠"[48]。清代时将该祠堂改建伏魔大帝宫，并将祠堂移至寺后。今通

州区有伏魔大帝宫遗址一处，位于中山大街与西大街交会处西北角。清代时期，新城出现了水月庵、武定庵、关帝庙等十余座寺观。

总体来看，首先城内有关水神的宗教建筑呈现沿着水道分布的特点。其次，明清城内的宗教建筑布局存在着由旧城发展到新城，由北部发展到南部的特点。明代通州旧城是在元代的基础上发展而来的。而元代城池位置应为东北部地区，因此大多数明代以前建设的寺观都分布在明代通州旧城北部。明代建立后，旧城中人口增多。基于元代寺观的基础，城内寺观的增加呈现由北部向南部扩展分布的规律。而明代所建的通州新城，根本目的在于保护西、南二仓，而不在于提供居民生存需要，因此初建时城内并无普通百姓，所以在很长的一段时间内，新城中没有新的宗教建筑的出现。但是随着人口的发展，以及西、南二仓转运的需要，仓场周围出现大量劳工，使得新城开始由简单的仓城逐步发展为城市。因此，宗教建筑开始由靠近旧城的旧城西门方向向新城西部分布发展。当然，这种分布特点也体现在水神信仰的宗教建筑上（表五）。

三、城内空间布局分析

通州新、旧二城呈现出"城市"与"仓城"两个大功能区。旧城基本设施完善，功能齐全，城中集中分布了城市中主要的行政管理机构，如州治、儒学、试院等，普通居民日常生活所需的市集、宗教建筑、书院等，城市结构十分完整，而新城则是一个完备的"仓城"结构。新城因保护西、南二仓而建，自明代正统十四年建立至清代末年，城中除仓储、管仓衙署和军防机构外，虽在明代后期开始零星出现了几座宗教建筑，但是始终未出现市集、书院等城市居民的基本功能设施。因此，新城在明清时期虽有向城市化发展的趋势，但是并没有最终成功转型为"城

市"，而是一个标准的"仓储"城。

从城市整体空间布局来看，其主要分为行政管理区、仓储区、生活经济区、军事管理区等几大区块。

（一）行政管理区

明清时期通州城的主要行政区在旧城北部。首先，明清时期的衙署使用上带有非常鲜明的沿用性，因此导致通州城的行政区域主要分布于旧城北部。

其次，人为强制扩展城池。通州城向南和向西的扩展并非城市自然发展扩大的结果，而是人为的在短时间内强制扩大的。明代洪武年间建旧城向南扩展，因此处元代时就已形成回回人聚居区，所以扩展时只好将这一部分居民区囊括在城中。而新城的修建是因为要保护城西的仓储，一方面城中并无大量常住居民，一方面是由于仓储占用面积大，因此行政管理区的发展也受到一定程度限制。

（二）仓储区

旧城南部和新城为通州城的仓储区域，主要分布大运中仓、西仓与南仓，早期时旧城南部还有东仓等。清代时虽又添常平仓于添喜胡同，但是却是征用民房所建，因此，清代仓储区的分布仍是沿袭明代，并无实质性变化。

明清时期，西仓位于旧城西门外，中仓位于旧城南门里以西，东仓位于旧城南门里以东，南仓位于旧城西门外。而清代所设立的常平仓则是先由州城南门内草场胡同挪至旧城北部的添喜胡同。可见，明清时期的仓储分布主要是围绕着"东大街—通惠河—西大街—新城北街"这一主要运粮通道，即清代"通州石道"而建的。即使是清代添建的常平仓因条件原因多次迁移，也没有离开这一主要通道周围。

除了仓储之外，配合仓储管理，明清时期还设立了许多衙署。明代时期通州大部分关于漕运和仓储管理的衙署都分布在仓储周围。如明代永乐年间设立忠瑞馆于西仓西等。

表五 宗教建筑

朝代	年代	佑胜教寺（胜教寺）	文献
唐		创于唐贞观七年癸巳，历五代辽金元而始成为州之巨观，即八景中之古塔凌云也。	康熙三十六年《通州志》卷之二，第24页。
清	康熙九年	黄花山老僧智亭重修。	
	康熙十八年	地震尽圮。僧照盛现在募建。自三十年起每岁营建一层。	
	乾隆四十八年	在州治西北。寺有浮屠十三级，名燃灯佛舍利宝塔，详古迹注。俗传，为塔巷，年久倾圮。	乾隆四十八年《通州志》卷之二建置·寺观庵堂，第35页。光绪九年《通州志》卷之二建置·寺观庵堂，第40页。
	同治六年	都人王均瑞偕赵钧捐资重修，添建紫清宫，嗣经州绅捐资在庙立义学，两斋颜曰翠云时雨，并舍药施茶敬惜字纸。	
	光绪元年	添设粥厂。	
今	2017—2021	位于通州区大成街北，三教庙内。殿前有一棵古树，树干上挂有一块红色保护标示牌。	

朝代	年代	静安寺	文献
金	大定十三年	在州治东南。金大定十三年建。	乾隆四十八年《通州志》卷之二建置·寺观庵堂，第35页。康熙三十六年《通州志》卷之二，第24页。光绪九年《通州志》卷之二建置·寺观庵堂，第40页。
明	洪武间	修。	
	万历十年	僧妙来重修。州人刘效祖撰记。	
清	乾隆四十八年		
今	2017—2021年	尚存。整修中。位置约在今通盛南路路西。	

朝代	年代	关帝庙	文献
元	天历二年	在州治南。元天历二年建。	乾隆四十八年《通州志》卷之二建置·寺观庵堂，第28页。
明	崇祯十四年	有碑明崇祯十四年编修，吴国华撰碑记。	
清	康熙三十六年	"……独大庙在州治南……"。	康熙三十六年《通州志》卷之二，第21页。光绪九年《通州志》卷之二建置·坛庙祠宇，第30页。
	康熙十一年	守道钱公世清，知州阎兴邦偕州人杜秉忠、柳国栋、主持道士焦思慧等重修。	
今	2017—2021年	无存。	

朝代	年代	悟仙观	文献
元	至正初	在州旧城南门内。至正初建。因洞清张真人炼修于此，白昼飞升，故名。建造时会于殿址下得古鼎。	乾隆四十八年《通州志》卷之二建置·寺观庵堂，第41页。康熙三十六年《通州志》卷之二，第27页。光绪九年《通州志》卷之二建置·寺观庵堂，第46页。
明	宣德三年	道士蒋玉林因旧址建通明殿，奏请赐额，历久濒圮。主持道士陈元昇现在募修。	
清	光绪九年	今尽圮。仅存殿三楹。	
今	2017—2021年	无存。位置约在今悟仙观胡同路北。	

朝代	年代	靖嘉寺（大寺）	文献
元	至正二年	在州治东，俗称大寺。旧名慈恩。元至正二年建。	乾隆四十八年《通州志》卷之二建置·寺观庵堂，第35页。康熙三十六年《通州志》卷之二，第23页。光绪九年《通州志》卷之二建置·坛庙祠宇，第48页。
明	明初	置会正司于内。	
	正统十年	赐勑一道藏经一函。	
	天顺二年	勑名靖嘉。	
	宏治十年	毁。州人王（上斌下金）等重建。	
	正德十年	会正文端竣工。知州蓝晟撰记。	

朝代	年代		文献
	万历末	尽圮。州人杨宗仁募建。州绅刘廷谏撰记。	
清	顺治七年	州人田大禄于寺建宝庄严阁，造渗金铜塔，工未成，殁。	乾隆四十八年《通州志》卷之二建置·寺观庵堂，第35页。
	康熙九年	大禄子永隆出资竣工。州绅康政撰记。今寺半已圮坏，宝庄严阁久废，塔存亦多刹落。	康熙三十六年《通州志》卷之二，第23页。
	光绪九年	今尽圮。	光绪九年《通州志》卷之二建置·坛庙祠宇，第48页。
	顺治七年	州人田大禄建宝庄严阁，造渗金铜塔未就而殁。	康熙三十六年《通州志》卷之二，第23页。
	康熙九年	其子田永隆捐资竣工，里人康政为之记。	
今	2017—2021年	无存。	

朝代	年代	礼拜寺	文献
元		在州城内大条胡同，元季创修。	光绪九年《通州志》卷之二建置·寺观庵堂，第46页。
明	正德十四年	正德十四年暨万历二十一年重修。	
今	2017—2021年	位于通州区回民胡同。有三门，分别在北面、东面。清真寺现存大门为东向，二进院落跨南北院。	

朝代	年代	常国公庙	文献
明		在旧城南门内东南隅，每年二八月上丁日祭。	嘉靖二十八年《通州志略》卷九祠祭，第162页。
	洪武年间	旧在旧城南门内东南隅。明洪武间敕建。祀开国平忠武王常遇春。以燕山侯孙兴组配。每年春秋上丁致祀。	康熙三十六年《通州志》卷之二，第22页。
	正统十二年	勅修吏部尚书王直撰碑记载艺文志。	乾隆四十八年《通州志》卷之二建置·寺观庵堂，第32页、光绪九年《通州志》卷之二建置坛庙祠宇，第35页。
清	康熙十年	改为斗母宫。	
	雍正二年	知州黄成章复奉常公神位。祀于斗母宫之东隅，并修立王直旧碑。	
	乾隆三十年	拆废碑亦无存。	
今	2017—2021年	无存。	

朝代	年代	城隍庙	文献
元		"创于前朝，作新于洪武之初"。	嘉靖二十八年《通州志略》艺文志《重修通州城隍庙记》。
		在旧城南门内东南隅，每年二八月上丁日祭。	《通州志略》卷九祠祭，第16页。
明	洪武	在旧城西南隅。洪武间建。	乾隆四十八年《通州志》卷之二建置·寺观庵堂，第33页。光绪九年《通州志》卷之二建置·坛庙祠宇，第35—36页。
	永乐四年	富昌伯房胜利感应碑。	
	天顺成化间	道士花全敬、刘敏元先后修葺。	
	宏治⑩	毁。	
	正德初年	指挥王宣，知州邓淳倡募州人王鹰等十三人重建，有碑记。	
清	康熙八年	州人陆万镒、道士邓元瑞等修。	
	康熙十二年	户部员外郎张朝珍修十王殿。州吏员钱鉴、刘兆彪、沈化鹏、朱暎等，募建雨廊、皂房，塑神役像。	
	康熙六十一年	周人张应龙、武子亮重修两旁祠像。	
	乾隆四十年	州绅黄钺粘补。	光绪九年《通州志》卷之二建置·坛庙祠宇，第35—36页。
	乾隆五十六年	州绅邢璋等重修。	
	乾隆六十年	陈国泰等重修。	
	嘉庆九年	道士吴嗣镐募，州绅李遇春、王嘉彦、苏振远等重修。	

朝代	年代		文献
	道光二十二年	大殿寝宫焚。道士樊嗣镇募，州绅毛毓琇、朱堉劝官绅商民捐重建，并添修诸殿配房等间。	
	同治八年	道士郑教瀛募州商铺等重修。	
今	2017—2021年	无存。位置约在新华西街与中山大街交会处西北角。	
朝代	年代	莲花寺（莲华寺）	文献
明	万历二十七年	在州旧城内东南隅。明万历二十七年建。	清光绪九年《通州志》卷之二建置·寺观庵堂，第40页。
清	乾隆四十八年		
今	2017—2021年	无存。位置约在今熊家胡同路北。	
朝代	年代	元灵观（玄灵观）	文献
明	永乐年间	在州新城西门内。明永乐间赐额，勒一道经一藏。	光绪九年《通州志》卷之二建置·寺观庵堂，第46页。嘉靖二十八年《通州志略》通州图，通州分治图。
	成化十七年	内监韦焕修，今仅存破殿几椽。知州王光谟生祠，向建观外，久废，坊尚存。	
清	光绪九年	内监韦焕修，今仅存破殿几椽。知州王光谟生祠，向建观外，久废，坊尚存。	
今	2017—2021年	无存。	
朝代	年代	烈妇叶氏祠	文献
明		烈妇祠，在旧城西门外，每年二八月上丁日祭。	嘉靖二十八年《通州志略》卷九祠祭，第162页。
		叶氏，神武中卫舍人许绅妻也……绅……途病死于旧城西门外……叶乃守尸……竟死尸旁。	嘉靖二十八年《通州志略》卷十一人物志·贞节，第200页。
		《烈妇叶氏墓碑记》：嘉靖甲午三月乙亥，通州旧城西观音堂之东，有妻人许绅道卒，厥妻叶氏死之……	嘉靖二十八年《通州志略》卷十三艺文志·文类，第255页。
	嘉靖十五年	在州新街大关帝庙后。明嘉靖十五年，为神武卫舍人许绅妻烈妇叶氏建。每年春秋上丁致祭。侍郎李廷，相州人御史马经纶撰碑记，具载艺文志。	光绪九年《通州志》卷之二建置·坛庙祠宇，第39页。
清	雍正二年	知州黄成章修，并以节妇林氏神主附祭叶祠。额曰：千万年双节之祠。	
	乾隆三十年	知州万廷兰拆改关帝庙，于殿后置小三间为烈妇祠。	
	乾隆四十六年	知州高天凤以旧基甚宽捐廉改建。	
	道光十七年	知州李宣范重修。	
	同治年间	州绅等劝捐重修。	
今	2017—2021年	无存。	
朝代	年代	白马关帝庙	文献
清		旧城堂子胡同。称白马关帝庙，旧志所载老君堂废后，老君像移奉于此。	清光绪九年《通州志》卷之二建置·坛庙祠宇，第31页。
今	2017—2021年	无存。	
朝代	年代	碧霞行宫	文献
清	光绪九年	在州城内堂子胡同。每岁四月八日庙会。	同上。
今	2017—2021年	无存。	
朝代	年代	三官庙	文献
明	万历三十四年	在西水关，明万历三十四年建。	康熙三十六年《通州志》卷之二，第21页。
今	2017—2021年	无存。	

续表

朝代	年代	周禅庵	文献
清		在州旧城南门内。 周善庵胡同。胡同以庵得名。	乾隆四十八年《通州志》卷之二建置·寺观庵堂,第44页。
今	2017—2021年	无存。位置约在今周禅胡同路北。	

朝代	年代	紫竹庵	文献
清	乾隆四十八年	在州旧城南门内。	乾隆四十八年《通州志》卷之二建置·寺观庵堂,第44页。
	光绪九年	今圮。	光绪九年《通州志》卷之二建置·寺观庵堂,第49页。
今	2017—2021年	无存。	

仓储、仓储管理衙署、运粮通道三个部分构成了完整的储存、运输、管理网络,成为通州城中的主要功能区域。

(三) 经济区

集市,主要分布在旧城东大街北侧与通惠河城内支流南侧,且更偏向于旧城东门附近,而新城没有形成集市。从分布状况可以看出,东大街分布一些主要粮食、果市及生活用品的集市,而通惠河支流南侧主要分布一些牛马交易、杂货市集。通惠河支流南侧主要为回回人聚居区域,牛市等集市主要是回回人经营形成。东大街北侧官署众多,汉人官僚和商人聚居较多,因此主要分布商品交易市场和汉人主要粮食作物的交易市场。

市集的发展是商贸发展的体现。通州城为漕运枢纽,明代成化年间(1465—1487),政府开始允许往来漕船携带一定数量的免税商品进行贸易。嘉靖年间、万历年间又不断增长了携带数目。至清代道光年间,漕船携带的免税商品已增至每船180万石[49]。这些漕船将商品或沿途贩卖或运到通州再贩卖,之后再由通州带商品回航贩售,因此通州城内商贸一直都十分繁荣。在运送大多数商品的过程中,要从通州东城门经东大街入城,或从城内水道入城,而这两处周围又多为民居,因此两侧形成了许多集市,构成了通州城中的经济功能区。

(四) 军事管理区

明代时期的军防公署多分布于东大街及通惠河城内支流水道附近。其次,由于通州对于京城独特的军事防御作用,军防方面的公署主要分布在城内水路要塞,以加强要塞的军防。如作为皇帝亲卫的通州卫,就被设置在通州旧城"旧城东门—东大街—闸桥—西大街—旧城西门"一线。其职责是"在(旧)城地方属通州卫五所分管。东门街北,北门街东属左所;西门街南,南门街西属右所;东门街南至西水门,西门街北至闸桥南属中所;南门街东至闸桥东南属前所;北门街西至米市街北属后所"[51]。而其他卫所则负责巡查旧城关厢和新城的街巷等。

至清代时,军事管理区发生变化,明代的卫所建筑并未得到继续沿用。清代通州新城西南角有西营,旧城南门外有西营与东营。

四、结论

明清时期通州城中功能分区十分显著。首先,可分为以旧城为主的居住区和以新城为主的仓储区。通州城旧城因为人口、商贸的主要集散地而出现大量宗教建筑、集市等富有生活气息的设施。如明代时通州旧城东北部,北大街东侧与东大街北侧区域,与州旧城北关与东关被称为进士一坊,是常住人口较为密集的区域。而新城并没有出现市集,寺观也较晚出现,且数量稀少。

其次,根据衙署、寺观、市集的具

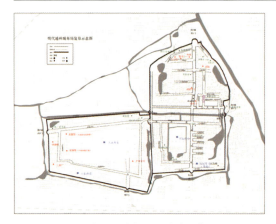

图八 明代通州城布局(正统十四年后)

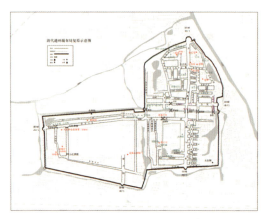

图九 清代通州城布局(乾隆三十年后)

体分布,又可以将功能划分为旧城北部衙署区、旧城南部和新城仓储区,通惠河城内支流南北两侧与东大街南北两侧集市区。旧城北部城市发展年代较早,分布许多衙署建筑,又因大多数建筑被后代沿用,因此形成了衙署区。明代吴仲将通惠河汇入大运河河口改在城北后,为了漕运监管的便利,更加促进了旧城北部衙署的建设。至清代时,旧城衙署区已基本成熟,直至民国时期依然被沿用为政府用地或文化场所。

旧城南部和新城为通州城的仓储区域,主要分布大运中仓、西仓与南仓,早期时旧城南部还有东仓等。清代时虽又添常平仓于天喜胡同,但是却是征用民房所建,因此,清代仓储区的分布仍是沿袭明代,并无实质性变化。

明清时期通州城内的集市区多分布

在通惠河城内支流南北两侧与东大街南北两侧。这种情况主要与通州漕运的发展有着直接关系。集市的发展是商贸发展的体现。陆运和漕运的发达构成了通州城中的集市功能区。

最后,明代中期建于州城西关外的西仓与南仓承担了更多京城与军队漕粮的补给任务,遂为二仓修建城墙用以防护。然而,新城并不承担除贮藏、转运之外的其他城市职能,因此这时候的新城仅为"仓城",而并不是城市。明代正统十四年时,新城中已出现一座观音庵与烈妇祠。世俗化宗教建筑的出现可以反映出人口聚居的情况,这是新城由单纯的仓城向城市转变的开始。

综上,明清时期通州城内空间布局的变化,始终受其历史功能的影响(图八、图九)。它是一座因漕运的需求而发展的城市,这是其作为大运河北端城市发展的独特之处。

①杨行中纂辑、刘宗永校点:《(嘉靖)通州志略》卷一《舆地志·形势》,《北京旧志汇刊》,中国书店,2007年,第4页。

②陈喜波、韩光辉、王长松:《通州新城建设与运河文化遗产保护》,《北京大学学报(哲学社会科学版)》2011年第3期。

③郑永华:《论通州运河文化的开发与利用》,《中国名城》2013年第9期。

④⑤杭侃:《中原北方地区宋元时期的地方城址》,北京大学博士学位论文,1998年。

⑥⑦程呈:《明清时期通州城形态街巷布局研究》,《北京文博文丛》2018年第3辑。

⑧⑩⑪杨行中纂辑、刘宗永校点:《(嘉靖)通州志略》卷二《建置志·公署》,《北京旧志汇刊》,中国书店,2007年,第23页。

⑨杨行中纂辑,刘宗永校点:《(嘉靖)通州志略》卷二《建置志·公署》,《北京旧志汇刊》,中国书店,2007年,第95页。

⑫杨行中纂辑、刘宗永校点:《(嘉靖)通州志

略》卷十三《艺文志·通州巡仓察院题名记》，《北京旧志汇刊》，中国书店，2007年，第249页。

⑬⑱杨行中纂辑、刘宗永校点：《（嘉靖）通州志略》卷十三《艺文志·工部都水分司题名记》，《北京旧志汇刊》，中国书店，2007年，第254页。

⑭⑮杨行中纂辑、刘宗永校点：《（嘉靖）通州志略》卷二《建置志·公署》，《北京旧志汇刊》，中国书店，2007年，第25页。

⑯⑰杨行中纂辑、刘宗永校点：《（嘉靖）通州志略》卷二《建置志·公署》，《北京旧志汇刊》，中国书店，2007年，第24页。

⑲杨行中纂辑、刘宗永校点：《（嘉靖）通州志略》卷十三《艺文志·工部修仓分司题名记》，《北京旧志汇刊》，中国书店，2007年，第253页。

⑳杨行中纂辑、刘宗永校点：《（嘉靖）通州志略》卷二《建置·志公署》，《北京旧志汇刊》，中国书店，2007年，第28页。

㉑张辅等纂修：《大明太宗文皇帝实录》卷七三，《原国立北平图书馆甲库善本丛书》第十五八册，国家图书馆出版社，2013年，第276页。

㉒孔继宗、陈文等纂修：《大明英宗睿皇帝实录》卷七三，《原国立北平图书馆甲库善本丛书·第十六二册》，国家图书馆出版社，2013年，第162页。

㉓孔继宗、陈文等纂修：《大明英宗睿皇帝实录》卷三〇九，《原国立北平图书馆甲库善本丛书·第十六五册》，国家图书馆出版社，2013年，第469页。

㉔高天凤，金梅纂修：《通州志》卷之二《建置·仓库狱房》，北京电影机械研究所，2003年，第7页。

㉕㉖高建勋：《通州志》卷之二《建置·仓库狱房》，1883年，中国台湾学生书局，1968年，第7页。

㉗北京市通州区文化委员会编著：《潞阳遗韵——通州区第三次全国文物普查项目汇编》，漓江出版社，2013年，第2页。

㉘杨行中纂辑、刘宗永校点：《（嘉靖）通州志略》卷十二《业绩志·寺观》，《北京旧志汇刊》，中国书店，2007年，第221页。

㉙㉚杨行中纂辑、刘宗永校点：《（嘉靖）通州志略》卷二《学校》，《北京旧志汇刊》，中国书店，2007年，第32页。

㉛详见附录：3碑文等资料汇总：民国二十五年（1936）《重修通县胜教寺记》。

㉜杨行中纂辑、刘宗永校点：《（嘉靖）通州志略》卷十三《艺文志·重修通州城隍庙记》，《北京旧志汇刊》，中国书店，2007年，第245页。

㉝高建勋：《通州志》卷之二《建置·坛庙祠宇》，中国台湾学生书局，1968年，第35—36页。

㉞北京市通州区图书馆：《百年沧桑：通州历史照片汇编：1860—1960》，学苑出版社，2010年，第24页。

㉟㊱㊲㊳㊴杨行中纂辑、刘宗永校点：《（嘉靖）通州志略》卷十三《艺文志·重修开平忠武王庙碑》，《北京旧志汇刊》，中国书店，2007年，第235页。

㊵㊶高建勋：《通州志》卷之二《建置·寺观庵堂》，中国台湾学生书局，1968年，第46页。

㊷清真寺民管会：《重修通州清真寺碑记》，2006年。

㊸宋大川主编、张中华著：《北京考古史：清代卷（下）》，上海古籍出版社，2012年，第303页。

㊹高天凤、金梅纂修：《通州志》卷之二《建置·寺观庵堂》，北京电影机械研究所，2003年，第32页。

㊺吴存礼、陆茂腾纂修：《通州志》卷之二，首都图书馆，1985年，第27页。

㊻高天凤，金梅纂修：《通州志》卷之二《建置·寺观庵堂》，清乾隆四十八年（1783），北京电影机械研究所，2003年，第41页。

㊼杨行中纂辑、刘宗永校点：《（嘉靖）通州志略》卷十一《人物志·贞节》，《北京旧志汇刊》，中国书店，2011年，第200页。

㊽高建勋：《通州志》卷之二《建置·坛庙祠宇》，中国台湾学生书局，1968年，第39页。

㊾江太新、苏金玉著：《漕运史话》，社会科学文献出版社，2011年，第150页。

㊿乾隆年间为了避讳乾隆皇帝弘历的名讳，在此期间的文献都将"弘"写为"宏"。

51杨行中纂辑、刘宗永校点：《（嘉靖）通州志略》卷八《兵防志·分防·州》，中国书店，2007年，第158页。

（作者单位：北京大钟寺古钟博物馆）

晚清至民国的门头沟煤业铁路建设初探

靖 伟

鸦片战争以后，中国社会开始转型，逐渐发展近代化事业，并与国际接轨。就门头沟的近代煤业铁路来说，亦是如此。由于门头沟煤业的重要地位，自晚清至民国以来，北京地区的几条重要运煤铁路，或多或少与门头沟煤业有关。因此，笔者对与门头沟煤业有关的、近代以来建设的铁路，进行对比研究，以此专门撰写门头沟铁路建设初探一文，与诸君共同探讨商榷。

煤业的开发离不开交通的发展，有些铁路即是为运送煤炭而建。由于门头沟煤业资源的区位优势，各方势力均有意建设铁路以便运输煤炭或开采门头沟的煤炭资源。这样，门头沟的煤业铁路应运而生。在铁路发展的近代化工业化过程中，门头沟地区的煤业铁路可谓走在先列。

一、外国列强在门头沟修建运煤铁路的企图

鸦片战争以来，外国列强逐渐在门头沟矿区修筑铁路，便于开采煤业来满足供应天津港的轮船运煤[①]。1859至1865年间，驻英公使卜鲁斯便计划运送门头沟斋堂的煤炭，作为列强的轮船货运供暖燃料[②]。1867年天津经营煤炭的英国煤商，广龙洋行的老板海德逊企图让清廷修筑铁路运输斋堂的煤炭作为燃料来供给天津的轮船使用[③]。同年，英人米特在信中亦有修筑天津至斋堂的铁路的要求[④]。1868年，10月14日英国人米特在给廉姆斯的信中提道：

"……倘有一条铁路通到斋堂矿区，其利益便会如我所描述的那样大。……如果斋堂及其附近各矿能向外国贸易开放，这正是矿主们所急切盼望的，则从大沽筑一条铁路到斋堂，无疑地将是一项有利的投资……因为这条线路可以带来大家要用的软质无烟煤、青白石灰（white and blue lime）建筑用的石头，上等版石，也许还有目前很少想到的别的许多东西。"[⑤]

但是，外国侵略者直接在外交条约中具体要求京西煤矿的开发和运煤铁路的建造，应是英国公使阿礼国企图对斋堂矿的开发及其运煤铁路的建设。据《筹办夷务始末》[⑥]载，1868年英国公使阿礼国，要求清廷在修订《天津条约》中，准许外国列强对斋堂矿的开发：

"因各海口轮船甚多，需用煤炭亦甚多，缘由外国运煤炭至中国，为价甚巨，故必须用中国煤炭。现拟准洋人在中国地方开设煤窑，并用外国器具。其窑拟在宛平县界之寨塘，江宁府句容县界之煤广开设，嗣后再有相便之处，续行商定。"

为了扩大运量和降低成本，阿礼国建议要求清廷允许修筑西山煤窑至北京的木质运煤轨道[⑦]。由于清廷顾忌斋堂煤矿距离京师甚近，因此改换江西乐峰开矿。因此，京西木质运煤铁路的建设成为泡影。

但是《天津条约》签订之后，列强在经济侵略和开发上，在进一步扩大在华利益方面，可谓是有增无减，其客观上体现

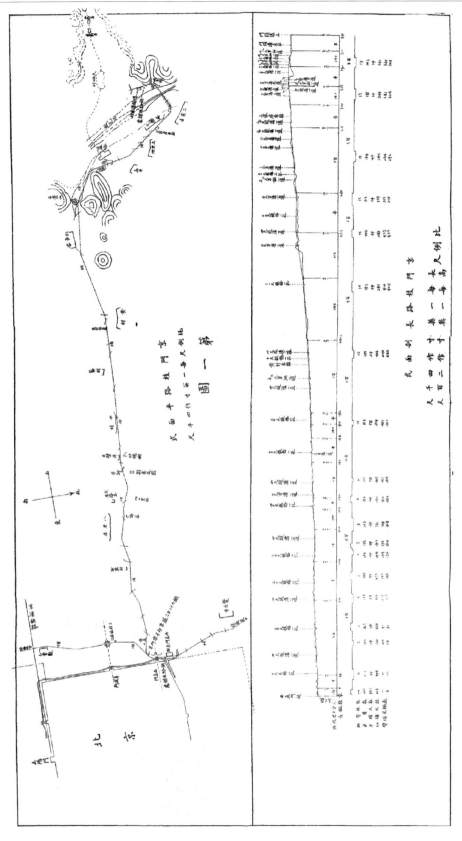

图一 京门支线剖面图

图二　清末京门支线铁路桥和永定河

铁路运输对京西煤业发展的重要性，外国侵略者建设运煤铁路的要求，影响日后门头沟地区煤业和铁路的工业近代化发展。

二、晚清政府对京门铁路的建设

在1904年，煤商曾集资呈请清政府在门头沟一带修建运煤铁路，结果以"股本不可靠"驳回。同年11月，煤商再次呈请，并进一步陈述运煤铁路的利弊，也被搁置[8]。

众所周知，京张铁路是中国近代以来自主修建的第一条铁路，是"官款官办"附属于京张铁路的运煤支线。1906年7月，该线经商部奏请，由京张铁路修建，资金由关内外铁路余利项下拨付，才被批准。于是，京张铁路总工程师詹天佑于同年10月率领工程技术人员进行勘测，并于是年冬在田村、三家店分别设立工程处，负责施工。1907年3月，该线正式开工，11月6日通车至三家店，翌年9月通车至门头沟。作为京张铁路的支线，特别是专为运煤而建的铁路，在京西地区的近代化上尤为重要（图一）。正如清末的《政治官报》所载：

永定河大桥一道计八空（通"孔"，笔者注），每空铁梁长百尺。桥墩连基均用唐山自造洋灰和石子制筑，工省料坚。其余涵洞三十八道，积长一百十三尺……

"然全路安设诸法及一切制造均合华人使用。与收回洋人承办之路多须改良者

不同……铁路之设必枝干互通而后运输利便。门头沟一带山北向，产高煤。从前专恃驮运，脚价即昂，销路遂滞。近日枝路一通，开车以来，运煤颇旺。后来营业自可望有起色……"[9]

关于京门铁路在工业近代化方面，由此可以看出两个特点：一，京门铁路上永定河大桥的近代化意义。二，是京门铁路沟通北京城区和门头沟之间互相交流的重要作用。

中国最早的铁路桥梁可以追溯到1876年修建的吴淞铁路。1881年，唐胥铁路的建成揭开了中国自办铁路的序幕。之后，1894年詹天佑首次采用气压沉箱法成功建造了滦河铁桥。京门铁路最后的工程就是修建京门铁路桥，该桥建于1907年，横跨永定河，是京门铁路的重要组成部分（图二）。詹天佑经过勘察永定河的水文情况后将京门铁路桥定为八孔桥。之后用打桩法试探永定河河底性质，确定地点后开始挖地脚，筑桥墩，桥墩高7.63米，桥墩及桥帽为圆柱形，用当时的124德国洋灰混合土浇筑而成。铁路桥的钢架为英国制造，整个铁路修筑使用洋灰混合土钢轨枕木建

图三　门斋铁路韭园段现状

图四　门斋铁路城子——琉璃渠段

筑模式，需要大量的沙石，细沙与碎石可以就地采取，而规整的方碴片石就要建厂开采，于是在麻峪村建一厂、在城子村又建一厂，专门用来开采片石，而城子村石厂的石料专门用来修建永定河铁路桥[10]。该桥在1908年修建完成交付使用，经历了百余年风雨沧桑的考验，至今依然十分坚固。属京包线支线，为我国最早的钢架铁路桥梁之一。其钢架产自英国钢铁厂，是清末北京早期近代工业化的标志。

京门铁路连接门头沟和北京城区的作用与意义正如詹天佑本人所说，"所过大小集镇，均不寂寞，沿途民户亦繁，口外货车更源源不绝，此路早成一日，公家即早获一日之利益，商旅亦早享一日之便安，外人亦可早杜一日之觊觎。"

此外，京门铁路的建设，客观上反映了当时我国一些先进爱国者对民族工业近代化建设的要求和实践。同时，京门铁路也是门头沟地区乃至京西地区，近代史上第一个中国人自主修建，专为运煤的近代化铁路。同时也是我国铁路近代化自主性的具体体现，其中，铁路钢架桥的规划设计建设以及建设过程中，相关工业如水泥（当时的著名民族工业产品"马牌水泥"）的运用，是我国民族工业近代化的具体实施。客观上也为京西地区，在我国民族工业近代化里程上留下了显著的标志。

三、民国时期门头沟开明士绅修建的"门斋铁路"[11]

"门斋铁路"，是民国初期由来自天津的开明士绅望族"李善人"在门头沟修筑的运煤铁路，是北京地区第一条民办铁路。由于斋堂出产的烟煤，是交通运输和工业生产的重要燃料和原料，1919年李士鉁[12]提议修筑一条解决煤炭外运的铁路。为此，经斋堂铁路公司董事会研究决定，依照民办铁路法，呈请交通部备案，修筑一条东起门头沟火车站，西到斋堂的铁路[13]，全长63公里，定名为门斋铁路（图

三、图四）。"门斋铁路从门头沟（城子）火车站起，经琉璃渠、龙泉雾、野溪、斜河涧、水峪嘴、丁家滩、韭园、色树坟、王平村到清水涧口止，长25公里，这是干线的第一段。自清水涧口起，经清水涧、桃园、大台、宅舍台到板桥止，长8公里，此为门斋铁路支线。1924年4月，门斋铁路正式开工建设。1927年2月，第一段和支线竣工"[14]，第二段铁路从1928年1月开工，同年6月竣工。"自清水涧口起，经安家庄、雁翅、下马岭、傅家台、青白口、军响到斋堂止，全长30公里，此为干线第二段。原计划这段铁路按照第一段那样，修成正式的宽轨铁路，但因资金不足，仅从清水涧到傅家台，因陋就简，在荒河滩上铺设了一条轻便铁路。到1929年夏，山洪暴发，把轻便铁路冲毁，1931年夏，李家将轻便铁路修复，并向西延伸到斋堂矿区。"[15]

"门斋铁路由门头沟至板桥相距六十里，业已通车，计有山洞十四，最长者长一千二百尺，除山洞外，桥梁甚多，故筑路费至四百余万，现借京绥路车皮运煤。板桥附近土窑每日能产煤五百吨左右，因车皮不足，只能运出三百余吨，至斋堂煤矿公司股本原定官四商六，因受时局影响，致铁路仅修成一半，而煤矿尚未开工云。"[16]

"门斋铁路"的建设，是门头沟地区乃至北京市"民间融资，官商合办"的具体典型事例，是门头沟地区近代史上，民族资本经济深化发展和工业近代化的体现。亦是民国初年，北洋政府在政策上给予民族资本经济支持的表现[17]。

众所周知，在我国经济近代化的历史发展过程中，铁路和煤炭的发展，可以算是工业近代化的重要标志。门头沟地区，运煤铁路和煤业的伴生发展，说明当时煤业经济的繁荣。此外，从文中所列史料，不难看出，门头沟地区，尤其是斋堂地区的煤矿，对外来说，可谓是"供不应求"。理论上来讲，"门斋铁路"应该有

进一步良好的发展前景。但是，"因受时局影响"该铁路的建设，正处于北伐战争以后，南京国民政府与地方各军阀及其他势力"夺权混战"时期，当时的国民政府，仅完成名义上的统一，政局不稳。因此，一方面，其无力保障民族资本经济的有序发展；另一方面，由于战争的需要，导致过多的税收，相反，给民族资本主义发展带来负担，因此致"门斋铁路"的建设受阻[18]。

四、总结

总而述之，门头沟地区煤业铁路的建设，是最能体现中国近代史中，工业和交通近代化的具体实例。外国列强对煤业和铁路的企图；本国晚清和民国政府官僚为了运煤方便，修建京门支线；以及门头沟本地"开明士绅"为了煤业的开发贩卖，进行"融资"修造"门斋铁路"，是门头沟煤业铁路发展的主要"三股势力"。其中，外国列强虽然企图通过经济手段和修订《天津条约》的外交手段获取京西铸造铁路和开采煤业的特权，由于清政府的阻碍，使之未成。但是，外国人的这一企图，打开清政府以及后来北洋政府中的开明派官僚和士绅的眼界，启发他们开始引进西方技术和思想，修建自己的铁路，开采自主的煤业，完成当地的工业近代化，此正是晚清洋务派"开眼看世界""师夷之技以自强"和民国以来，爱国开明士绅发展和建立中国独立自主的近代工业体系的美好愿望和实际行动。由此可见，当时的"本国两股势力"即晚清、北洋政府和"开明士绅"，在推动门头沟煤业和铁路的工业近代化方面，起积极作用，京门支线成为连接门头沟和北京城的重要交通线和工业"桥梁"，一方面加强门头沟地区和外界的沟通，逐步实现近代化；另一方面，运输门头沟山区丰厚的煤炭资源通往内地，甚至海外。推而观之，对于国家的近代化和工业化发展，离不开开放的"全球化"视野和先进科技与思想的引进与学习，此外，稳定的社会环境和政府的正向引导，民众的积极参与，亦是其事业发展和兴旺的基础，也是实现国家经济近代化的重要保障。

---

①朱从兵：《甲午战前京津铁路线的筹议述论——兼议中国近代铁路建设起步的动力选择》，《历史档案》2009年第2期。

②北京市门头沟区政协文史资料委员会编：《京西煤业》，香港银河出版社，第71页。

③④⑦北京市门头沟区政协文史资料委员会编：《京西煤业》，香港银河出版社，第72页。

⑤宓汝成编：《中国近代铁路史资料1863—1911》，第一册，中华书局，1963年，第14，17，18，129—130，125，77，131—132，145—146，183页。

⑥中国国家图书馆善本部藏：宝鋆：《筹办夷务始末》，卷63—64，第62—64页。

⑧中国第一历史档案馆藏：《光绪朝上谕档》，档案号：532—1908；532—1909；532—1910。

⑨中国国家图书馆藏：《政治官报·折奏类》，宣统元年四月二十六日，第五百八十三号，第13、14页。

⑩北京市档案馆：《京张铁路百年轨迹》，新华出版社，2014年。修筑京门铁路与京门铁路桥的具体过程可以参见詹天佑本人所写的《京张铁路工程纪略》一书，其中附有专门一章《京门枝路》，书中记录十分翔实细致，让我们可以了解到整座铁路修建的全过程。

⑪袁树森：《"李善人"与门头沟》，永定河文化博物馆编：《文博探索》2016年第2期。

⑫门头沟办实业的是李春城的次子李士鉁。进入民国之后，李士鉁（1853—1928）退出官场，致力于兴办实业。他管理家产并经营盐业，参加创办大津殖业银行，在京西开办斋堂煤矿，并与其兄李士铭、

（下转第34页）

北京右安门明墓出土银作局花银及相关问题研究

王显国

明代，随着白银货币化的完成，白银成为主要流通货币之一。白银属于落后的称重货币，以银块（如银锭）的形式参与流通。近年来，明代银锭出土总量较大，但主要集中于四川彭山江口遗址，其他地区出土数量较少。其中，带有"银作局"铭文的银锭是由内廷机构银作局铸造的，出土数量更少。据考古资料显示，1955年，明定陵出土银作局银锭16枚，其中"三十两""二十两""十两"银锭分别有10枚、4枚和2枚[①]。1968年，浙江余姚明"青词宰相"袁炜墓出土一枚五十两银作局银锭[②]。2001年，湖北钟祥市明梁庄王墓发现五十两银作局银锭一枚[③]。此外，20世纪50年代北京右安门关厢地区明墓出土银锭4枚，铭文中有"银作局"字样，应是银作局银锭，现收藏于首都博物馆。以上22枚银作局银锭有准确的出土地点，且墓葬年代基本清晰，为研究明代银作局及银锭制造等相关问题提供了重要的实物资料。

以往学者对银作局银锭的研究较少，相关论述有：后德俊《明代梁庄王墓出土金、银锭的初步研究》，介绍了梁庄王墓出土银锭，并对银作局银锭的铭文及制作工艺进行探讨[④]。王莲瑛《浙江余姚袁炜墓出土银锭》一文中介绍银作局银锭的形制及铭文[⑤]。王秀玲《明定陵出土金、银锭铭文》，通过对定陵出土银锭铭文的梳理，对银锭的来源等问题进行分析，但涉及银作局银锭内容较少[⑥]。李晓萍梳理了定陵等出土及市场拍卖的银作局银锭，对明代银作局及其银锭重量、作用等问题进行简要分析[⑦]。综合来看，上述研究均未涉及北京右安门明墓出土的银作局银锭。因工作关系，本人有幸接触并考察了相关实物，试作文章论述十二。本文运用货币史、科技检测等方法，结合明代文献资料的梳理，拟对右安门明墓银作局银锭进行综合分析，进而探讨明代银作局银锭的铸造、特征及演变等问题。

一、右安门出土银作局银锭概况

北京右安门明墓出土4枚银作局银锭，数量相对较多。对该银锭形制、重量、成色及墓葬年代等的分析，为银作局银锭的研究提供第一手资料。

1. 银锭形制、重量、成色及铭文

右安门明墓4枚银作局银锭较为完整，形制相近（图一）。银锭呈船形，弧首、束腰，两端较宽、起翘，面部及底面较平。器底及四周分布较多的"蜂窝"。器身锈蚀，呈褐色或灰色，底部锈层部分剥落较多，部分"蜂窝"也剥落仅存根部。其中，两枚银锭一端的边翅发现经修整的痕迹。如2号银锭两翅高度差异较大，分别为36、48毫米，相差12毫米；较低一端明显被整体截去一部分，顶端呈宽度为2—3毫米的平面，平面制作较为规整，表面锈蚀与器身一致，应该是铸造时

图一　右安门关厢明墓出土银作局银锭（正、背）（编号由左至右为1 2 3 4）

有意削去顶端形成的。另两件银锭边翅部分未经处理，两端高度差别较小，均是浇铸时自然形成的尖顶。关于银锭两端翅被修整的问题后面再有论述。

银锭重量、尺寸、检测结果、铭文等如（表一）。

表一中4枚银锭均有铭文，錾刻阴文，直书，分列两行。1号银锭铭文较为清晰，锭面左侧刻有"银作局"三字，中部为"花银三十两"字样。3、4号两枚银锭铭文内容、风格与前者相同，仅个别文字因锈蚀无法辨认。2号银锭表面锈蚀过重，文字已经无法辨识。不过，四枚银锭形制一样，同出于一个墓葬，推测其铭文与另三枚相同。

银锭纪重"三十两"，属于中型银锭。按明代衡制，每两约重37.3克，三十两银锭重1119克。该4枚银锭实测重量较为接近，在1079.8—1116.6克之间，略低于三十两标准重量。其中，1号银锭重1116.6克，基本达到标准；3号银锭重量

最轻，仅有1079.7克，比标准重量低39.3克。不过，由于银锭年代久远，表面锈蚀、剥落较为严重，尤其是3号银锭底部一端有残缺，对银锭重量影响较大。由此，可以推测这4枚银锭是按三十两标准铸造的。该银锭的尺寸也较接近。银锭长122—124mm、面宽82—85mm、腰宽43—45mm，尺寸相差仅2—3mm，说明浇铸银锭所用模具的形制基本是相同的。

检测结果显示，银锭主要合金成分为银，含量均在99%以上，最高达99.81%；铅、铜的含量不足0.6%，应是冶炼或提纯白银时带入的杂质。在当时的冶炼条件下，这已是纯度最高的"足银"，因此银作局银锭理论上是以纯银制作的。

表一中四枚银作局银锭尺寸、重量、成色相近，形制风格一致，铭文内容相同，可见它们是按统一规格或是同一批次铸造而成的。

2.银锭铸造时间及来源

由于缺乏相关出土资料，右安门明墓（为叙述方便，以下称A墓）出土银锭的一些重要信息只能依据藏品账目记载的入藏时间进行分析，以推测银锭的出土年份及墓主人身份，进而大致确定银锭铸造时间。

据考古资料显示，1957年北京市文物工作队在右安门关厢发现和清理了万贵夫妇墓⑧，该墓出土文物同年入藏，在藏品账目上，文物入藏编号记作"57.×.×"，如墓中银锭编号为"57.21.27"，其中"57"表示入藏年

表一　北京右安门外关厢出土银作局银锭重量、尺寸、铭文及主要合金成分

编号	重量	尺寸（mm）				XRF检测结果（Wt%）			铭文
		面长	面宽	面腰宽	通高	银	铅	铁	
1	1116.6	122	85	43	43	99.81		0.1	银作局 花银叁拾两
2	1105.8	122	82	45	46	99.82		0.11	字迹不清
3	1079.7	123	84	43	44	99.23	0.59		□作局 花银叁拾
4	1108.1	124	84	45	50	99.63	0.15	0.16	银作局 花银□□□

份，即1957年。查看四枚银作局银锭的入藏编号均为"57.7.13"，应出自同一墓葬A墓，与前述万贵墓银锭编号相近，故四枚银作局银锭系1957年入藏无疑，其出土时间也应是1957年。

A墓中四枚银作局银锭表明其来自宫廷，据现有资料显示，宫廷银作局制作的银锭，仅明代帝后陵和勋贵墓葬有少量出土，拥有者均身份显贵。此外，A墓中还出土了较多珍贵的金银器物，包括金镯、金簪、耳环、金花饰等，重量多达820余克。银器有银执壶、小银圆盒等。这些金银器均属明代，其中金饰件采用累丝、镶嵌等工艺精制而成，多数饰件嵌饰红蓝宝石、绿松石等，非民间普通工匠制作。可见，该墓主人不仅家资丰厚，且身份和地位也较高。

1957年，右安门关厢附近发现明代万贵及其家族墓地。万贵系明宪宗皇贵妃万氏之父，官至锦衣卫指挥使。万贵有"子男三：长即喜，锦衣指挥使；次即通，锦衣卫指挥金事；季即达，锦衣正千户"[9]。万贵父子利用贵戚身份，"贪黩无厌，造奇巧邀利。中官韦兴、梁芳等复为左右，每进一物，辄出内库偿，辇金钱络绎不绝"[10]。万贵父子"贪黩无厌"，并多次得到皇家赏赐，成为显赫一时的富贵家族。万贵、万通夫妇墓出土了较多的金银器及银锭，部分金银器刻有"银作局"字样，银锭也属赏赐的库银，证实了史料的记载。A墓出土四枚银作局银锭和较多贵重物品，部分是宫廷赏赐品，与万贵、万通墓出土文物有相同之处。同时，A墓与万氏家族墓位置相同，身份相符，因此该墓应是万氏家族墓之一。

不过，万家的尊荣维持时间较短，"宪宗崩，言官劾其罪状。孝宗乃夺喜等官，而尽追封诰及内帑赐物"[11]。弘治初年，万家所受封诰和赏赐均被追回，从此家道衰落。由此可以推测A墓主人是万贵或家人，埋葬时间大约在成化时期。

二、关于明代银作局银锭的讨论

银作局银锭是明代银锭中较为特殊的一个类别，形成了与普通税银不同的形制、重量、成色特点及制作方式。

1. 银作局及银锭的铸造

银作局是明代官署名，属于宦官二十四衙门之一。《明史·职官志》记载："银作局掌印太监一员，管理、金书、写字、监工无定员，掌打造金银器饰。"[12]《明史》所载较为简略，银作局主要职责是制作金银器饰。刘若愚《酌中志》的记录更为具体，银作局"专管造金银铤针、枝箇、桃杖、金银钱、金银豆叶。豆者，圆珠重一钱或三五分不等，豆叶则方片，其重亦如豆。不拘，以备钦赐之用。又，造花银，每锭十两不等"[13]。银作局不仅制作金银器，也制作金银钱、豆、花银等，所造器物"以供宫娃及内侍赏赐"[14]。

此外，银作局还曾铸造饷银。据王世德《崇祯遗录》："熹宗在位七年，将神宗四十余年蓄积搜括无余，兵兴以来，帑藏空虚。尝取累朝所铸银瓮、银碗槽鼎重器，输银作局倾销充饷。故饷银多有银作局三字者，此人所共见也。"[15]可见，天启年间银作局曾以银器改铸军饷银，但尚未见到存世实物。

银作局人员众多，有掌印太监、金书、监工等少数管理人员，还有大量的工匠。如嘉靖十年（1531），银作局工匠计有274名，包括银匠、花匠、大器匠、镶嵌匠、抹金匠、金箔匠、磨光匠、镀金匠、拔丝匠、累丝匠、钉带匠、画匠、裱褙匠等多种工匠[16]。从银锭铭文可大致了解铸造银锭情况。如，梁庄王墓银作局银锭铭文"驾银作局销熔花银五十两重监销银锭官秉魁作头余添宝等匠人计保保永乐十八年四月日"，涉及人员有匠人、作头及监销银锭官等。其中，"匠人"即是银匠，银锭铸造的具体承担者，并对银锭成色、重量负责。"作头"就是银匠作头，如北京右安门明万通墓出土永宣时期"闸办银课"银锭铭文中有"银匠作头徐□等铸"字样[17]。银匠作头是银匠的工头，负责管理银匠。"监销银锭官"是银作局官吏，从字面上看，可能是银作局职官中的"监工"，监督银锭铸造的官员。监销银锭官、银匠作头均是匠人的管理者，也是后者的盘剥者。如宣德三年（1428），因工部"诸色工匠"多有逃逸，明政府规定"管工匠官及作头有虐害工匠者，治以重罪"[18]。可见，银作局银锭的铸造和管理较为有序。

2.银作局银锭铭文及形制

银作局银锭数量较少，但涵盖年代较长，基本反映了银锭形制和铭文的特点。

银作局银锭均有铭文，结合墓葬年代，可以了解银锭制作时间。明梁庄王墓银作局花银五十两银锭，铭文为"驾银作局销熔花银五十两重监销银锭官秉魁作头余添宝等匠人计保保永乐十八年四月日"[19]。银锭铭文多达38字，铭文中注明铸造年份为"永乐十八年（1420）四月"，是目前为止最早的出土银作局银锭。右安门A墓银作局银锭四枚，铭文均为"银作局花银三十两"，铸造时间约在成化朝或之前。余姚袁炜墓出土银作局花银一枚，铭文"银作局花银五十两"[20]。袁炜嘉靖十七年（1538）中进士后授翰林院编修，后历任礼部右侍郎、少保、礼部尚书、少傅兼太子太傅、建极殿大学士等，嘉靖四十四年致仕，同年病故。该银锭制作时间至迟是嘉靖四十四年（1565）。定陵出土银作局银锭16枚，银锭重量不一，铭文内容、风格相近，为"银作局花银××两"[21]。该银锭时代较晚，系万历末期或之前所铸。我们看到，尽管银作局银锭总量不多，但跨越时间较长，自永乐至万历时期，说明银作局始终具有铸造银锭的职能。

银作局银锭铭文大致分为两类。第一类，铭文字数较多，铸造时间相对较早。从现有资料看，该类银锭铸造时间均为永乐时期。除梁庄王墓出土永乐朝银锭外，2007—2008年中国嘉德拍卖公司曾拍卖两件永乐六年（1408）银作局五十两银锭。此类铭文信息量较大，包含铸造机构、时间、成色、重量、管理及铸造者姓名等；第二类，银锭铭文字数较少，风格相同。该类银锭数量相对较多，右安门A墓、定陵、袁炜墓出土银锭皆属此类。铭文为"银作局花银××两"，"××"为银锭纪重，分为五十、三十、二十或十两等。铭文分列竖行，錾刻、阴文，右行为"银作局"，左行为"花银××两"，左行首字低于右行。此类银锭延续时间较长，自成化时期沿用至明末。可见，成化朝银作局银锭铭文已经趋于简单化、固定化。

银作局银锭铭文由繁趋简，与各地交纳税银铭文有较大不同。嘉靖八年（1529），鉴于各地税银大多是散碎银子，容易引起盗铸，明政府规定"今后将（税银）成锭起解，并纪年月日及官吏银匠姓名"[22]。税银铭文的制作逐步规范化，内容包含铸造时间、重量、官吏、银匠及用途等，以确保税银的成色和重量。银作局银锭铸造机构单一，银锭的铸造、管理较为规范，锭面铭文所起的作用相对较小。同时，该银锭主要用于赏赐，是荣耀的象征，对银锭本身价值关注度较低。因此，银作局银锭采用字数较少的铭文，降低了制作成本。

该银锭形制也自成特色。虽然银作局银锭重量不一，年代自永乐朝至万历末期，跨越近200年，其形制基本未发生变化。银锭呈船形，圆首，两端较宽，束腰，锭面、底部较平；两端起翘，且多经切削，是其特征之一。这种形制形成于明初，具有明早期银锭的典型特征。不过，随着时间的推移，其他银锭形制发生变化，如银锭长度缩短，器身增厚，底部凸起等。但银作局银锭形制始终未变，这在明代银锭中是少有的。

3. 银锭的成色

银作局银锭铭文中，皆有"花银"字样。"花银"是白银成色的名称之一，该名称出现较早。宋代《居家必用事类全集》记载："金漆花银，一百分足；浓调花银，九十九分九厘；茶色银，九十九分八厘；大胡花银，九十九分七厘；薄花银九十九分六厘；薄花细渗银，九十九分五厘；纸灰花银，九十九分四厘"等[23]，银色从100%依次递减至99.4%。其中"花银"又有金漆、浓调、大胡、纸灰之分，是成色较高的白银。元代，"花银"通常指足银。如元代白银与纸币的兑换时，"花银每两钞三十两，九成色每两钞二十七两，七成色每两钞二十一两"[24]。按此兑换比例，"花银"显然是指十成色白银。明代，仍沿用"花银"的称谓。王佐《新增格古要论》记载，"银出闽、浙、两广、云南、贵州、交趾等处山中，足色成锭者，面有金花，次者绿花，又次者黑花，故谓之花银"[25]。可见，明代"花银"是足银的代称，根据其表面呈现的色彩，又可分为金花、绿花、黑花等层级，其中金花银成色最好。银作局制作的银锭皆称"花银"，显然是成色较高的白银。

银作局"花银"的实际成色如何呢？由表一可知，右安门A墓银作局银锭含银量在99%以上，基本达到"花银"的标准。梁庄王墓银作局银锭含银量为99.15%，同墓出土的"内承运库花银"、"花银"五十两银锭与之相近，最高达99.89%。可见，这两个墓银作局银锭与内承运库的金花银成色一致，均是以足银为原料铸造的。

不过，银作局银锭的成色并非一成不变。如定陵银作局银锭正面不平，并出现了较多褶皱（图二），应是银锭成色较低所致。梁庄王墓出土小银锭也有类似现象。如该墓后84、后85号小银锭表面有片状褶皱及绿锈，含银量分别为91%、85.12%；含铜量较高，为5.76%、10.43%[26]。为了解定陵银作局银锭的成

色，本文对部分银锭表面进行无损检测。经检测，该银锭主要含有银、铜和铅，其中银含量最高，在76.6%—93.9%之间；铜含量次之，在3.6%—18.2%之间；铅含量再次之，多在5%以下。由此，定陵银作局银锭以低成色白银铸造，铜含量较高，是有意加入的合金成分；铅含量较低，可能是银、铜中混入的杂质。

从上述分析看出，银作局银锭成色不一，说明铭文中"花银"的含义也发生了变化。明早期银作局银锭成色较高，如右安门A墓及梁庄王墓出土银作局银锭均以足银铸造，说明永乐至成化时期银作局"花银"名实相符。至迟万历时期，银作局开始以低成色银铸造银锭，"花银"已与成色无关，仅是沿用原有的名称而已。如定陵银作局银锭含银量低至七至九成。明代文献中也有相关记载。如明末《酌中志》："（银作局）又造花银，每锭十两不等，止可八成。又，祖宗旧制，有票儿银者，重十两、五两、三两、一两至一钱之方块也。其色止有六七成，有分两印子。"[27]明末银作局"花银"成色降至八成，与定陵银锭检测结果基本相符。可见，银作局银锭的成色经历了一个由高变低的过程，但"花银"名称始终未变。

4. 银锭重量及校准

明代，政府规定各地缴纳的税赋银锭统一铸成五十两大银锭。银作局银锭种类较多，有十两、二十两、三十两、五十两等类别。从出土银作局银锭看，三十两银锭最多，其次是二十两、十两和五十两

图二 定陵孝135号三十两花银银锭（正面）

表二 梁庄王墓、右安门明墓、定陵等出土银作局银锭重量表

银锭类别	数量（枚）	标准重量（克）	实测重量（克）	平均重量（克）	备注
五十两	2	1865	1854—1869.3	1861.6	梁庄王墓、袁炜墓
三十两	14	1119	1079.7—1145	1104.6	右安门明墓、定陵
二十两	4	746	725—738.5	735.3	定陵
十两	2	373	364.5—368	366.3	定陵

的相对较少。如定陵银作局银锭16枚中，重量十两至三十两不等，其中三十两占62.5%、二十两为25%、十两为12.5%。该墓出土五十两银锭多达44枚，均是江西、浙江、江苏等省税银，未见一枚银作局银锭，说明万历时期银作局仅铸造中小型银锭。究其原因，该银锭主要用于内廷赏赐。宫内人员众多，单次赏赐白银数量有限，对中小型银锭的需求量较大。

为了解银作局银锭重量及变化，现将各墓出土银锭数量、标准重量及实测平均重量等列表如下（表二）。由表二数据可知，银锭实测重量均低于标准重量，但二者相差较小。如五十两银锭实测均重与标准重量最为接近，相差仅3.4克；三十两银锭相差最大，约14.4克，误差不足1.3%。此外，同类型银锭重量也较为接近。如，二十两银锭重量在725—738.5克之间，最重与最轻的差值仅12.5克。三十两银锭差别较大，多达65.3克，是个别银锭出现残缺所致。此外，银作局银锭表面均有锈蚀，或多或少影响了银锭的重量。因此，银作局银锭应是按标准重量铸造的。

明代，银作局银锭及税银均有重量要求，但银锭以模具浇铸而成，难以精准控制重量，因此银锭铸成后需校准重量。其方式有两种：增重和减重。增重法适用于重量不足的银锭，通常在银锭上补铸银块，以增加重量。税银多用此法校准重量。明政府规定税银重量不得低于五十两，"即有少几分者，令银匠大锭凿口灌补，仍复打平"㉘。具体做法：在银锭翅上钻孔后浇铸，银液在孔内外形成两个补块，与银锭形成一个牢固的整体。如明代

李伟夫妇出土的四枚金花银锭都有补铸银块（图三）。

减重法适用于超重的银锭，通常剪切部分银锭边翅，以减轻重量的方式校准重量。银作局采用此法校准银锭重量。从现有银作局银锭实物看，多数银锭边翅发现被剪切的痕迹，但未发现有补铸银块。如右安门关厢明墓4枚银作局银锭，1号、2号银锭两端边翅高度不同，一端边翅明显被削去顶部。如定陵孝135号银锭两端边翅也有修剪现象，顶端成一个小平面（见图二）。定陵出土银作局银锭多达16枚，银锭边翅均有切削痕迹，其中多数银锭两端同时被剪切，有些银锭仅残存边翅根部，说明剪切的部分较多。整体上看，近九成银作局银锭边翅具有剪切痕迹，说明校准重量是其制作工序之一。

增重与减重方式不同，其制作工序及成本也不同。前者需要钻孔、熔铸等工序，且耗费燃料、损耗材料等，耗时较长，所需工费较高。后者直接剪切部分银锭边翅即可，工序简单，省工省料。相比较而言，后者具有明显优势。不过，明代税银有重量下限，同时其边翅也不得修剪，否则以盗银论处。如万历十七年，户部员外郎王一凤"将成锭大银剪边藏匿，交代盘诘，方思补偿……但银有缺边，

图三 明代李伟墓出土五十两金花银

难泯形迹，请改（戍边）终身"㉙。该案中税银剪边成为盗银罪证。故税银以补铸方式校准重量较为合适。而银作局银锭系宫廷制作，主要用于皇家赏赐，无偷剪银锭之虞，对银锭边翅也没有硬性要求。同时，该银锭作为赏赐品，按银锭重量（铭文记重）计枚使用，对银锭重量准确性要求相对较高。因此，银作局银锭以减重方式校准重量，不仅易于精确控制银锭重量，而且制作成本更低。

我们看到，银作局银锭轻重有别，均是十两的倍数，便于计枚使用。同时，该银锭以剪切边翅的方式校准重量，形成特有的形制和制作方式。

三、结语

右安门明墓出土银作局银锭4枚，形制、铭文、重量、成色相近。该墓与万贵父子墓葬地点相同，同年发现并清理，且出土器物也有相近之处。因此，推测墓主人是万贵家族成员之一，时间约在成化时期。

多年来，各地先后出土银作局银锭22枚，银锭制作时间跨度近两个世纪，基本反映了银作局银锭的特征。各地银锭重量不一，但形制一致，铭文内容及风格也渐趋统一。银锭名为"花银"，实际成色自十成降至七至八成，但"花银"名称始终保留。银锭边翅多被剪切，是校准重量留下的痕迹，也是其典型特点之一。此外，银作局银锭作为宫廷使用及赏赐品，主要出土于明代帝后、藩王、贵戚、高级官吏墓，尤以帝后陵墓为主，说明银锭不仅是财富的代表，也是身份和地位的象征。

（本文在定陵博物馆高尚武先生和浙江省余姚市文物保护管理所马晓红女士鼎力支持下完成，特此感谢！）

①中国社会科学院考古研究所、定陵博物馆、北京市文物工作队：《定陵》，文物出版社，1990年，第169页。

②鲁怒放：《余姚明代袁炜墓出土文物》，《东方博物》2007年第4期。

③湖北省文物考古研究所编：《梁庄王墓》，文物出版社，2007年，第50页。

④后德俊：《明代梁庄王墓出土金、银锭的初步研究》，《武汉金融》2004年第6期。

⑤王莲瑛：《浙江余姚明袁炜墓出土银锭》，《中国钱币》2000年第1期。

⑥王秀玲：《明定陵出土金、银锭铭文》，《明清皇家陵寝保护与发展研讨会论文集》，北京燕山出版社，2007年，第245—247页。

⑦李晓萍：《明代税赋银锭考》，文物出版社，2013年，第222—226页。

⑧⑨郭存仁：《明万贵墓清理简报》，《北京考古集成》8，北京出版社，2005年，第784页。

⑩⑪《明史》卷三百《外戚传》，中华书局，1974年，第7675页。

⑫《明史》卷七十四《职官三》，中华书局，1974年，第1820页。

⑬刘若愚：《酌中志》，北京古籍出版社，1994年，第110页。

⑭沈德符：《万历野获编》，中华书局，1997年，第20页。

⑮王世德：《崇祯遗录》，国家博物馆藏清钞本。

⑯张燕芬：《明代内府金银器的制作机构与作品风貌》，《故宫博物院院刊》2018年第3期。

⑰王显国：《首都博物馆藏明代永宣时期银锭研究——兼论明初云南银矿的开采与管理》，《中国钱币》2011年第2期。

⑱《明宣宗实录》卷四十二，台北"中研院"史语所校印本，1962年，第1031页。

⑲湖北省文物考古研究所编：《梁庄王墓》，文物出版社，2007年，第50页。

⑳王莲瑛：《浙江余姚明袁炜墓出土银锭》，《中国钱币》2000年第1期。

㉑王秀玲：《明定陵出土金、银锭铭文》，《明清皇家陵寝保护与发展研讨会论文集》，北京燕山出版社，2007年，第245—247页。

㉒徐学聚：《国朝典汇》卷一百一《仓储》，转引自黄阿明《明代货币与货币流通》，华东师范大学2008年博士学位论文，第116页。

㉓《居家必用事类全集》，转引自戴学文：《银货考》，《中国钱币》1996年第3期。

㉔戴学文：《银货考》，《中国钱币》1996年第3期。

㉕王佐：《新增格古要论》，浙江人民美术出版社，2011年，第216页。

㉖黄维：《梁庄王墓入葬的小银锭——明朝的低成色货币及其社会文化现象》，《中国钱币》2018年第6期。

㉗刘若愚：《酌中志》，北京古籍出版社，1994年，第110页。

㉘陈子龙：《皇明经世文编》卷四百七十七，《续修四库全书》，上海古籍出版社，2002年，第389页。

㉙《明神宗实录》卷二百一十二，台北"中研院"史语所校印本，1962年，第3966页。

（作者单位：首都博物馆）

（上接第26页）

弟李士钰等人共同投资，成立了斋堂铁路公司，修筑了从门头沟（城子）到斋堂、板桥的运煤铁路，这是北京早期的商办铁路之一。（引自袁树森：《"李善人"与门头沟》）。

⑬1918年，北洋政府准备成立官商合办的斋堂煤炭股份有限公司，次年8月召开了第一次股东会议，公推天津的李士鉁为董事长，负责组织公司事宜。（引自袁树森：《"李善人"与门头沟》）。

⑭门斋铁路从门头沟（城子）火车站起，经琉璃渠、龙泉雾、野溪、斜河涧、水峪嘴、丁家滩、韭园、色树坟、王平村到清水涧口止，此为门斋铁路支线。（引自袁树森：《"李善人"与门头沟》）。

⑮自清水涧口起，经安家庄、雁翅、下马岭、傅家台、青白口、军响到斋堂止，全长30公里，此为干线第二段。原计划这段铁路按照第一段那样，修成正式的宽轨铁路，但因资金不足，仅从清水涧到傅家台，因陋就简，在荒河滩上铺设了一条轻便铁路。到1929年夏，山洪暴发，把轻便铁路冲毁，1931年夏，李家将轻便铁路修复，并向西延到斋堂矿区。（引自袁树森：《"李善人"与门头沟》）。

⑯转引自中国国家图书馆藏：《矿业周报》，"斋堂铁路" 1930年51号、《矿业周报》1930年54号、"斋堂铁路修建现状"，第84号。

⑰龚会莲、胡胜强：《近代工业增长与北洋政府——弱政府与工业增长关系的近代样本》，《西安电子科技大学学报》2008年第2期。

⑱李怀信、姜亚东：《试论北洋军阀时期的军事经济》，《军事经济研究》2008年第1期。

（作者单位：永定河文化博物馆）

崇祯时期仿制宣德炉艺术探究

徐　辉

　　宣德炉，顾名思义，是出现于明宣德年间、由宣德皇帝亲自主持铸造的铜炉。历经六百年，逐渐成为了文房首器，明末刘侗在《帝京景物略·城隍庙市》中说道"器首，宣庙之铜；宣铜，炉其首"。宣铜自诞生之日起就参考《宣和博古图》《考古图》等图样，以及柴、汝、官、哥、定窑"款式典雅者"铸造各式铜器，而铜炉是其中的佼佼者，也就是说宣德炉的铸造分为两种风格，一种是仿商周礼器，一种是仿宋瓷的素器。随着历史的演变，宣德炉的概念逐渐分为两种，一种是狭义的宣德炉，指宣德年间皇家铸造的宣德炉（下文统称"真宣"），另一种是广义的宣德炉，指的是与宣德年间铸造形制相近的铜炉（下文统称"仿宣"）。

一、宣德朝有无宣德炉

　　狭义宣德炉即真宣，迄今为止还未发现实物，同时最早记录宣德炉铸造过程的文献，无论是《宣德彝器谱》《宣德鼎彝谱》抑或是《宣德彝器图谱》的时代都远远晚于宣德年间，因此不免出现历史上是否存在真宣的讨论。

　　真宣在历史上是真实存在的。首先的例证是藏于西藏色拉寺的明宣德九年（1434）"大慈法王写真像缂丝唐卡"，据《佛寺游》记载，该唐卡是宣德皇帝册封释迦也失为大慈法王

时特为订制的写真唐卡，该唐卡显示在大慈法王右侧明显位置摆放着宣德炉（图一），这证明了宣德时期宣德炉在佛教仪轨中的应用[①]。

　　其次，青海省博物馆藏有"大明永乐年施款铜镏金马蹄三足朝冠耳炉"和"大明宣德年施款双耳活环铜镏金瓶"，两件

图一 色拉寺藏宣德九年大慈法王写真唐卡

图二 大明永乐年施款铜镏金马蹄三足朝冠耳炉

图三 大明宣德年施款双耳活环铜镏金瓶

藏品均出自瞿昙寺(图二、图三)。三足朝冠耳炉光素无纹,具有典型明初官造铜炉

端庄厚重的特征,具有典型的皇家气韵,炉颈处从左至右阴刻"大明永乐年施"款识,与明永乐时期铸造的佛造像款识在书写顺序和刻法方面都完全相同,只是在阴刻汉文款识下面阴刻两排藏文。双耳活环铜镏金瓶,盘口、束颈、垂腹、圈足,云形双耳内套活环,镏金厚重,造型规整,器型硕大,充满了商周青铜器的风格,同样具有典型的皇家气韵,特别是瓶直口处的"大明宣德年施"款识(图四),从左至右一体铸造,虽不是减地阳文,但至少说明宣德时期官做铜器已经开始出现阳文款识。据《青海方志资料类编》记载:"宣德二年(1427)二月,钦建隆国殿,赐予宝器极多⋯⋯瓶、炉、香案,皆宣德佳制也。"[②]此瓶即是其中一件,据此证明在明代早期宫廷铸造铜炉是有传统与依据的。2010年末,故宫博物院对该瓶进行无损检测,得到的数据显示,该瓶虽然口、颈、腹、底各部位金属含量略有不同,但总体仍是铜锌合金,锌的含量总体在14%左右,不含锡,是标准的黄铜配比(表一)[③]。

据史料记载,7—8世纪时印度已开始使用黄铜铸造佛像,11—12世纪时西藏西部开始使用黄铜铸造佛像,永乐、宣德时期宫廷铜造像也是黄铜铸造(表二),由此说明,虽然《明会典》中记载黄铜在我国的大规模使用始于嘉靖朝铸钱,但最晚在永宣时期皇家铸造的铜器上就已经较大范围使用黄铜,其中包含赏赐给佛教等宗教的造像和法器。据此推断,宣德三年(1428)暹罗国进贡的风磨铜应不是第一次,也不会是最后一次,宣德朝皇家铸炉

图四 大明宣德年施款双耳活环铜镏金瓶款识

表一 青海省博物馆藏双耳活环铜镏金瓶分析结果表（wt.%）

元素 位置	铜	锌	铅	铁	锡	银	金	汞
瓶口平面	69.336	11.808	0.341	0.138	0	0.199	14.609	3.294
瓶口侧面	73.226	12.712	0.370	0.111	0	0.138	11.160	2.044
耳部	82.316	13.759	0.786	0	0	0.111	2.319	0.435
腹部	83.228	14.653	1.175	0	0	0.119	0	0
足部插口	80.733	13.960	1.081	0.214	0	0.091	0	3.562
注:0表示低于仪器检出限，检测未能完全排除镏金残余物的影响。								

表二 永乐时期宫廷造像分析结果表

锑（Sb）	锡（Sn）	锌（Zn）	铜（Cu）	铁（Fe）	铅（Pb）
0.08	0	14.7	83.6	0.2	1.5

使用黄铜不是偶然，也不是个例。

二、真宣与仿宣何时混淆

真宣既然是真实存在的，那究竟是何时对真宣的断代出现模糊呢？

自宣德炉诞生以来，仿宣一直未曾中断，各个时期仿宣的精品亦层出不穷。仿造宣德铜器的活动大概始于明末，清雍正、乾隆时期达到顶峰，清宫造办处活计档中经常可以看到制作"宣铜"的记录。据文献考证，明末虽有南北仿宣，但真宣还是能够得到明确确认的；清初，随着社会动荡的结束，仿宣水平日益提高，人们在真宣与仿宣的辨识上逐渐出现了模糊现象。既然明末清初能够明确辨识真宣，那么崇祯时期仿宣的重要性就不言而喻。虽然崇祯时期仿宣不可避免加入了朝代更迭的时代因素及很多的文人色彩，但其必然与真宣是一脉相承，因此崇祯仿宣在宣德炉的历史上起到了承前启后的重要作用。

1.《帝京景物略》详细记载了明代北京城的风景名胜、风俗民情，书中对宣德炉的仿制有明确描述："后有伪造者，有旧炉伪款者，有真炉真款而钉嵌者。伪造者，有北铸（嘉靖初之学道，近之施家。施不如学道远甚，间用宣铜别器改铸。然宣别器，铜原次于炉，且小冶单铸，气寒俭无精华），有苏铸，有南铸（苏蔡家，南甘家。甘不如蔡远甚，蔡惟鱼耳一种可

方学道）。旧炉伪款者，有永乐之烧斑彝（耳多宽索，腹多分档），景泰、成化间之狮头彝等（厚赤金作云鸟片帖铸之，原款用药烧景泰年制等字），二者价逊宣炉。真炉真款而钉嵌者，宣呈样炉，宣他器款也（当年监造者，每种成，不敢铸款，呈上准用，方依款铸，其制质特精。流传至后，谓有款易售，取宣别器款色配者，錾空嵌入，其缝合在款隔边际，但从覆手审视，觉有微痕）。"④从这段记载中可以看到在明晚期仿宣分为北铸和南铸，明确了明末如何仿宣，特别是真炉真款而钉嵌者和旧炉伪款者，二者价逊宣炉，说明在明晚期是能够分辨出真宣与仿宣的，这里的真宣，也就是我们所说的狭义宣德炉。

2.张岱所著《陶庵梦忆》中说："香炉贵适用，尤贵耐火。三代青绿，见火即败坏，哥、汝窑亦如之。便用便火，莫如宣炉。然近日之宣铜一炉价百四五十金，焉能办之？"⑤明万历二十五年（1597），张岱出生于浙江绍兴一个累世显宦之家。他的高祖张天复官至云南按察副使、甘肃行太仆卿；曾祖张元忭，隆庆五年（1571）状元及第，官至翰林院侍读、詹事府左谕德；祖父张汝霖，官至广西参议；父张耀芳，副榜出身，为鲁藩右长史。在张岱生活的年代，人们对宣德炉推崇备至，但其价格昂贵。张岱是书香门第、官宦世家，即便如此，宣德炉价格之

表三 刘侗等人的生卒时间

姓名	出生时间	去世时间
刘侗	明万历二十一年（1593）	明崇祯九年（1636）
张岱	明万历二十五年（1597）	清康熙二十三年（1684）
冒襄	明万历三十九年（1611）	清康熙三十二年（1693）
张潮	清顺治八年（1651）	清康熙四十八年（1709）

表四 《帝京景物略》等书的成书时间

书名	成书（刊行）时间
《帝京景物略》	明崇祯八年（1635）
《陶庵梦忆·甘文台炉》	明崇祯十七年（1644）成书 清乾隆四十年（1775）刊行
《冒襄笔记》	明崇祯十四年（1641）创作
《宣炉歌注小引》	清康熙年间

昂贵也令其难以接受。若宣德炉在当时只是仿品，是不能够卖出如此昂贵的价格，因此文中所说的"宣铜一炉"是铸造于宣德朝的官做真宣，是真正狭义的宣德炉，可以证明明末清初时真正的宣德炉是可以被辨认出来的。

3. 冒襄作品中的相关记载。冒襄，明末清初文学家，有《宣德铜炉歌为方坦庵年伯赋》等关于宣德炉的作品，他的诗文集里多处谈到制香、品香，其在《影梅庵忆语》卷三中写道："陈设参差，台几错列，大小数宣炉，宿火常热，色如液金粟玉"，从中可以看出冒襄对宣炉非常喜爱，能够烧炉，同时具有很强的鉴赏能力。冒襄在《宣炉歌注》中写道："宣炉最妙在色，假色外炫，真色内融，从黯淡中发奇光，正如好女子肌肤柔腻可掐，热火久灿烂善变，久不着火即纳之淤泥中，拭去如故。假者虽火养数十年，脱则枯槁矣。"⑥这其中能够看出真假，分辨清晰，说明在冒襄生活的时代，即明末能够分辨真宣与仿宣。

4. 张潮作品中的记述。张潮，字山来，号心斋居士，清代文学家、小说家、批评家、刻书家，官至翰林院孔目。其著作《宣炉歌注小引》中写道："物之佳者，或以人名，或以地名，或以代名。名虽不同，其味物之佳则一也。如时之壶、哥之窑、张之炉、顾之绣，皆以人名者也。如并州之剪、蒙山之茶、歙州之砚、湖州之笔，皆以地名者也。至于商彝、秦玺、汉碑，则以代名者矣。夫一物之微，而致烦一代之名名之，及其久也，代已亡，而物尤不朽，岂物以代重耶？有明三百年间，物之佳者不可胜数，而宣炉一种，则诚前无所师，后莫能继，岂非宇宙间一绝妙骨董乎？所恨赝鼎纷陈，不可胜诘，非巨眼莫能辨之。"⑦张潮生于清顺治八年（1651），卒于清康熙四十八年（1709），从其相关著作中可以看出在他生活的年代对真宣和仿宣的辨认上已经有些模糊，"非巨眼莫能辨之"说明除了当时的古董收藏大家，普通玩家已经不能分辨出真宣和仿宣。在该时期，宣德炉的仿制已经达到相当的高度，从另一方面讲，宣德炉从来也不是普通人能够拥有把玩的普通物品。随着明末清初的战乱，真宣或者能够辨认真宣的人越来越少，清早期真宣已经有不能被辨认出的可能性。

通过表三、表四可知，刘侗生活时代及其著作成书最早，在他的书中真宣与仿宣定义清楚，断代准确。其次是冒襄的笔记，证实其在宣德炉的收藏方面有很好的鉴赏能力，可以辨别宣德炉的真假，也可以证实在其生活的年代能够辨认出真宣与仿宣。再次是张岱，他的文章中说："北铸如施银匠亦佳，但粗夯可厌。苏州甘回子文台，其拨蜡范沙，深心有法，而烧铜色等分两，与宣铜款识分毫无二，俱可乱真。"⑧明确了仿宣的人和方法，说明其生活的年代也能够清楚地分辨真宣。最后是张潮，其"所恨赝鼎纷陈，不可胜诘，非巨眼莫能辨之"之语，能够看出他生活的年代仿宣成风、存在真宣不能被辨认的可能。据以推断，真宣于清康熙以后逐渐与仿宣混淆，不能被辨认。

历史上有数次真宣之殇。第一次是明末崇祯时期，因连年的战争导致国库空虚，崇祯帝将宫内所藏历代各种铜器全数熔铸钱币，其中就包括宣德年间的铜器。第二次是清咸丰时期，连年战争，内忧外患，为了发行钱币，亦把宫内保存的各种铜器毁掉铸钱。第三次是军阀混战、抗日战争，制造枪炮的铜料缺乏，很多铜器被熔化。

历经三次真宣之殇，导致今日无法分辨出真正的宣德炉，但并不表明现今世上已无真宣。明末宫廷大火及崇祯毁炉铸钱应是真宣淹没于历史的开始，但当时各种书籍对宣德炉有了较系统的记载，同时期宣德炉形成了专门的文物收藏门类，如《博物要览》《帝京景物略》等对宣炉的形制、炉色、款识、仿制都进行了较为详细的记录，已经将宣德炉作为不可多得的文房首器收藏。因此，宣德炉由明早期的皇家、宗教专用，逐渐演变成为明晚期文人参与仿制，形成了专门的古董收藏门类，崇祯仿宣在历代仿宣的历史地位、历史传承中具有不可替代的重要作用。

三、崇祯时期仿宣特点

大规模的仿宣活动始于明末，崇祯时期延续了嘉靖、万历时的风潮，焚香、玩炉盛行，由于思想解放及文人的参与，这个时期仿制的宣德炉偏重于俊秀的文人气质。作为文房不可或缺的雅物，历经200余年的延续发展，器型经过不断的改良，各种款式的仿宣铜炉比例日趋完美，曲线柔和，文人审美与皇家审美相互影响，形成了此时期较为特殊的风格。

相较于前朝，如正德皇帝信奉伊斯兰教，铸造了较多的阿文炉、瓶；嘉靖皇帝信奉道教，铸造了较多的法盏、筒式炉等，其间仿宣器上出现了较多的道教符号。崇祯时期仿宣在造型上想象力与创造力有所减退，偏重于素器，素器仿宣成为这一时期的主流。而仿宣的另一风格即仿鼎彝类炉大大减少，常见的经典款式为冲耳、蚰耳、鬲式、压经、马槽、戟耳、筒式。装饰风格上规矩而严谨，制作水平似乎有所下降，特别是铜质和细节的处理上。如广西柳州博物馆藏崇祯壬午年时宜斋林仿宣制铜冲耳三乳足炉（图五），冲耳、侈口、短束颈、乳足、素面、光素无纹，底部款式采取减地阳文，炉形线条流畅，造型大气，精致简洁、庄重，但其底部显示铸造时"沙眼"较多，其"沙眼"的修补不够规整，较为随意。

崇祯时期仿宣在器型上相较于前朝更加扁平，文人气质浓郁。足较短，特别是乳足更为秀气，呈锥形，在某种程度上讲趋向于倒三角，挺拔、尖削，足底接触平面部位采取平切的方式处理，视觉感官小而平（图六）。口沿与底部的比例为口沿薄而底部较厚，特别是此时期铜质不够精炼，为迎合收藏者对"手头"重的偏好，

图五 柳州博物馆藏崇祯壬午年时宜斋林仿宣制款
铜冲耳乳足炉

追求坠手感，铸造时腹部偏厚。冲耳炉特征最为明显，双耳较薄，耳较尖，耳孔多呈椭圆形或者耳孔与口沿接触部位较为圆润。款识方面，款字布局较为紧凑，字与字间缝隙较小；工艺方面，刻款与铸款并存，但刻款明显多于铸款，绝大多数刻款錾刻痕迹明显，多数较为粗犷，精修的款识较少，地子贴近笔画处可见修刻导致的凹陷，空白处微微隆起，可见较为明显的小幅度凹凸不平（图七）。款识字体多采用楷体和柳叶篆（图八），很少使用长脚篆[9]。在较为稚拙的楷体中，"大"和"明"两个字特征明显，"大"字横上面一竖直而且顶天立地，"明"字左半边日的右边一竖与月字左边撇相交，月字竖钩的"钩"与"月"字左边撇相交，几乎封口（图九）。

在铜质方面，多使用一种名为"水红铜"的合金黄铜。所谓"水红铜"，是黄铜配比中铜的含量较高，基本能够占到90%左右，当铜的比例占到85%—90%时，黄铜颜色开始发粉，所以崇祯时期仿宣使用的黄铜颜色与其他时期有所区别。另外，合金黄铜中铜的含量越高，质地越绵软，易于雕刻而不适合精密铸造，这也是

图七　崇祯时期仿宣款识凹凸不平特征

图八　崇祯时期仿宣款识柳叶篆

图九　崇祯时期仿宣款识特征

崇祯时期刻款较多的原因。同时也解释了部分学者对"玉堂清坑"款仿宣德炉的疑问，部分学者指出，最早提出"玉堂清玩"是明末严东楼藏炉说法的古籍是民国时期赵汝珍《古玩指南》，《故宫宣铜器图典》一书中所收录的"玉堂清玩"款铜炉都是刻款（图十）[10]，书中指出该炉是

图六　崇祯时期仿宣乳足特征

明嘉靖时期内阁首辅严嵩之子严东楼的藏炉，但该款铜香炉不是严东楼所铸，是其搜罗前朝无款且铸造精美的香炉后刻款而成。书中收录"玉堂清玩"款识香炉都是刻款，因此可以推断赵汝珍在《古玩指南》中所言不虚。

崇祯时期仿宣器内膛方面几乎不见精修痕迹，内膛麻面或隐见旋纹，呈现出一种斑驳状，应是泥芯失蜡法铸造留下的自然痕迹，随着岁月留下的锈迹与烟尘的混合，凹凸不平感较为强烈，就像山石久受风雨侵蚀（图十一）。

介绍崇祯时期仿宣的特点，晚明时期仿宣南铸和北铸的区别是其重要一环。据《帝都景物略·城隍庙市》记载，活跃于嘉靖、万历时期施家铸炉的代表人物是施念峰，施家与学道并称为北铸的代表，施家铸炉一直延续到清代中期。北铸具有胎体厚重的特点，与南铸腹部胎体较薄形成鲜明对比，此时期的北铸略显技术含量不足，但随着岁月的变迁，当时技术的缺憾反而转变为优势，因其胎体厚重反而很少出现残缺。晚明时期南铸的代表是甘家与蔡家，据《宣炉博论》记载，甘家是回族，代表人物甘文堂，南京人，虽然甘氏铸炉不如苏州的蔡家，但其铸造的乳炉被时人称道，因甘氏不信奉佛教，相传其得到佛像等铜制佛教用具即毁而取铜。同时

图十 故宫藏玉堂清玩炉款识

图十一 崇祯时期仿宣内膛

期苏州的蔡家铸炉远胜于甘家，铸造的鱼耳炉是其代表。南铸的特点是器型端庄、秀气文雅，炉壁相较于北铸要薄，铸造时可以节省铜料，在当时的条件下，铸造技术要求明显较北铸要高，但随着时间的推移，南铸比北铸仿宣更容易损坏，当时较为高超的技术反而成为劣势。南铸款识相较于北铸修款较为精细，多数字迹边缘处可以明显看到修刻痕迹，款地较为平整，具有很好的书法笔意，能于细微处看到其精细的工艺。

故宫博物院收藏有一件大明宣德年制款铜冲耳乳足炉，附云足铜座，清宫旧藏（图十二）。1977年经杨伯达先生鉴定为崇祯仿宣。该炉高6.7厘米，口径10.6厘米，冲耳乳足，光素无纹，娟秀雅致，唇边外侈，束颈鼓腹，耳尖圆润，耳廓秀气，皮色润泽沉稳，款识特征明显，具有典型的晚明崇祯时期特征。冲耳炉仿铸模板取自宋代双耳三足炉，寓意敬法天相，在明清两代中铸造最多，特别是其光素无纹，铸造的标准格外难以把握，高矮、比例、过渡都是重要的审美标准，各要素铸造要求之高，可说是"失之毫厘，谬之千里"，点滴失误，美感顿失。此件仿宣铜炉难得之处在于耳、口沿、腹、乳足堪称完美，令人耳目一新，特别是炉膛较扁

图十二 故宫博物院藏崇祯时期大明宣德年制款
铜冲耳乳足炉

平，下腹部收势略缓，双耳顶部外侈，营造出秀丽与端庄并存的视觉效果。

前文提及的柳州博物馆藏崇祯壬午年时宜斋林仿宣制款铜冲耳乳足炉，高9.8厘米，口径15.42厘米，重1800克。此炉款识为4行12字减地阳文楷书，具有粗犷稚拙之风，布局紧密，特别是款识内明确时宜斋林仿宣，是崇祯时期私款仿宣的具体实例物证，也证实了崇祯时期仿宣风潮的流行。炉双耳高耸外侈，口沿较薄，炉身扁矮，内膛麻面，呈斑驳状，未见明显的修膛痕迹，内膛凹凸不平，三乳足呈明显的倒三角形。崇祯壬午年即崇祯十五年（1642），明王朝已接近落幕，该炉具有典型的崇祯时代仿宣特征，具有向清早期过渡的时代特征。

四、崇祯仿宣与宣铜对比

历代仿宣都是在前代器型的基础上加以发展，哪怕是三代皇家礼仪专用的鼎彝之器，亦不是横空出世，夏商周鼎彝器仿远古陶器，宋瓷从汉唐器型模仿发展，至明代初期宣德炉仿自三代鼎彝器和宋瓷典雅者，都具有仿其形神、借古创新的特点。

如何将宣德炉与崇祯仿宣加以区别呢？李米佳的《故宫宣铜器图典》一书提供了思路，区别宣德时期的宣德炉有两个方法，第一是无损成分检测，有了宣德二年的双耳活环铜镏金瓶，就有了宣德时期黄铜元素含量的标准，可与现有宣德炉进行成分比对。在其成分对比中锌和锑的含量是重要的断代依据，其中锌的含量随着时代的更迭，除嘉庆朝外，各朝代是逐步上升的。锑的重要性与锌不分伯仲，在合金铜中起到了增加硬度的作用，宣德本朝的铜器不含锑，从明晚期开始仿宣铜器里出现了锑元素，至清晚期虽各时期仿宣铜器中锑元素含量变化幅度较大，但不可否认的是从明代晚期开始仿宣铜器里突然出现了锑元素。第二个方法是据清代高士奇《宣铜鰍耳炉》记载,宣德皇帝铸造宣德炉时铸造款识使用的是沈度书写的楷书[①]，因此可以在沈度书法中将"大明宣德年制"六字找出（图十三），比对现有香炉款识，辨识其特点，在没有公认真宣的情况下，款识对于辨认宣德朝铸造的铜香炉和各时期仿宣具有重要的意义。

故宫博物院藏冲耳乳足铜香炉（图十四），编号：翻字十二〇号，故宫博物院将其铸造年代定为宣德。此香炉圆形，口外侈、收颈、鼓腹，三乳足渐起自器外底，底款减地阳文铸造"大明宣德年制"六字楷书款，铸造精美，无刀修痕迹（图十五）。将该宣德炉款识字体与电脑合成沈度法书辑字对比，重合度极高，结构方

图十三 电脑合成沈度法书辑字

正、法度严谨，线条粗细与轻重变化并无二致，特别是此炉的含锌量与青海省博物馆藏宣德双耳活环瓶的锌含量完全在一个区间，因此我们可以相信该炉是宣德年间铸造的。

故宫博物院藏大明宣德年制款蚰龙耳圈足炉（图十六），该炉簋式，口沿薄，圈足相对于口沿较厚。该圈足因长时间与平面接触，未有氧化痕迹，从其裸露的铜质可以看出，铜色呈金黄色，柔软细腻，器外底减地阳文铸有"大明宣德年制"六字楷书款，同样未见加刀修饰（图十七），其六字楷书款与沈度书法重合度极高，锌的含量均值与宣德本朝黄铜数据相合，故宫博物院将其铸造年代定为宣德⑫。

对比宣德年间铜香炉与崇祯时期仿宣可以发现，宣德时期的铜炉以官铸为主，炉型上较为忠实地延续了宋代瓷器、元代铜器及上古青铜器的造型；而崇祯时期，

图十六 故宫藏宣德蚰龙耳圈足炉

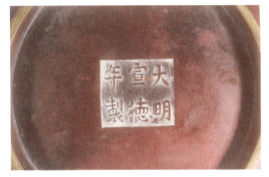

图十七 故宫藏宣德蚰龙耳圈足炉款识

民间仿宣已成为潮流，因文人的参与，此时期仿宣秀雅、文人气较重，官铸与民铸在风格上互相影响。宣德时期并不太追求香炉的重量，炉壁厚薄适中，而崇祯时期追求铜炉的压手感，对香炉的重量要求较高，香炉口沿较薄。为达到相应的手感，该时期铜炉腹部较厚，虽然南铸腹部较薄导致其手头略轻，但其整体风韵不变。款识作为宣炉或历代仿宣最重要的断代依据，两者区别就更为明显，宣炉使用的是沈度楷书铸造，而崇祯仿宣使用铸款与刻款，但绝大多数仿宣使用的是刻款，字体上楷书、柳叶篆等并存，同时其楷书与沈度字体相去甚远。宣德时期款识较浅，方框内留白较多，字与字之间较为疏朗，崇祯时期款识内留白较少，字与字之间较为紧密。从铜炉器型对比，宣德炉乳足更接近于圆柱状，较长且直；崇祯仿宣炉身更加扁平，乳足接近于倒三角，与案几接触面较小且平。铜质方面，宣德时期黄铜的获得方式主要依赖于藩国进贡和海外贸易，民间获得优质黄铜的渠道很少；明初

图十四 故宫藏宣德冲耳乳足铜香炉

图十五 故宫藏宣德冲耳乳足铜香炉款识

宣铜大多是呈青白色的黄铜，只有少量是呈金黄色的黄铜，青白色的黄铜铜质较硬，而且容易生绿锈，而崇祯仿宣黄铜质大多是颜色发粉的"水红铜"。

通过上述分析对比，我们不难看出崇祯仿宣与宣德炉在铸造工艺与审美情趣上一脉相承，差异化与共通性并存。由此可见，宣德炉自诞生之日延续至今，其造型、铜质、款识等的变化，不是突发奇想式的改变，而是随着时间及朝代更迭及人们审美的变化，点滴延续改变，宣德炉大规模仿制始于明末，并且在明末达到了文房首器的高度，对明末大规模仿制宣德炉的学习研究的重要性不言而喻。

①张春燕、王晨、吕军：《大慈悲法王像——缂丝唐卡》，《中国西藏》2010年第3期。

②王昱：《青海方志资料类编（下）》，青海人民出版社，1988年，第1073页。

③李米佳：《故宫宣铜器图典》，故宫出版社，2020年，第15页。

④［明］刘侗、于奕正：《帝京景物略·城隍庙市》，北京出版社，2001年，第162页。

⑤［明］张岱：《陶庵梦忆·甘文台炉》，上海古籍出版社，1982年，第53页。

⑥［清］冒襄：《宣炉歌注》，《昭代丛书》甲集卷四十三，世楷堂藏板。

⑦［清］冒襄著：《宣炉歌注》小引，《昭代丛书》甲集卷四十三，世楷堂藏板。

⑧［明］张岱：《陶庵梦忆·甘文台炉》，上海古籍出版社，1982年，第53页。

⑨张明：《辨物：崇祯时期的宣德炉》，文物出版社，2019年。

⑩李米佳：《故宫宣铜器图典》，故宫出版社，2020年，第284页。

⑪［清］高士奇：《归田集》卷十一《宣铜鳅耳炉》，清康熙刻本，第1815页、1816页。

⑫李米佳：《故宫宣铜器图典》，故宫出版社，2020年，第30页。

（作者单位：北京市文物进出境鉴定所）

从"熏笼"到清宫"火车暖床"的演变

王文涛

在清代紫禁城宫中，冬季室内取暖都有比较完备的设施，除了室内固定设置的火炕、地炕之类暖床外，还离不开各式各样的熏笼、炭火盆、手炉、脚炉以及火炉等。熏笼在我国古代作为一种用于取暖和烘烤衣物的日常生活实用器物，它是有笼罩覆盖的炭火盆，在点燃的炭火盆中加入香熏料，还可用于熏香衣物和房间，是一种温馨舒适生活的体现。

一、清代以前熏笼的发展历史

1.熏笼释义

古时的熏笼在不同地区形式材质上有所差异，熏笼又有竹火笼、焙笼、火笼等的叫法。在《汉语大辞典》中，熏笼被解释为"一种覆盖于火炉上供熏香、烘物和取暖用的器物"。它最初是古人日常使用的实用器物，炭火盆上使用的是竹编笼罩，材料简单，方便制作且轻便、实用。随着人们对舒适生活的不断追求，熏笼逐渐演变细分出多种形式，使用材质、制作工艺和外观上都大大改进。

熏笼出现的历史应不晚于秦汉，可谓历史非常久远。宋代陈敬著《陈氏香谱》中记载："熏笼：晋东宫故事云太子纳妃有衣熏笼，当亦秦汉之制也。"①扬雄著《方言笺疏》、南北朝徐陵著《玉台新咏笺注》、宋代李昉著《太平御览》等史书中也都有对熏笼详细的记载描写，明人文震亨著《长物志》中卧室内的布置陈设就

有对熏笼的描写："地平天花板虽俗，然卧室取干燥用之亦可，第不可彩画及油漆耳。面南设卧榻一，榻后别留半室，人所不至，以置熏笼、衣架、盥匜、厢仓、书灯之属，榻前仅一小几，不设一物，小方杌二，小橱一，以置香药玩器，室中精洁雅素，一涉绚丽便如闺阁中，非幽人眠云梦月所宜矣，更须穴壁一贴为壁床，以供连床夜话，下用抽替以置履袜，庭中亦不须多植花木，第取异种宜秘惜者置一株，于中更以灵璧英石伴之。"②（图一、图二）早期的熏笼比较简单实用，使用功能也相对单一。

2.熏笼的熏烘功能

作为熏烘的工具，古人使用熏笼熏烘衣被时，先将一盆热水放到笼罩下面，将要熏烘的衣物、被褥等摊铺在笼罩上，热气浸润衣物、被褥，然后再将炭火盆放在笼罩下，并加入香料，此时热气和香气同时对衣物、被褥熏烘，经过熏烘的衣物、被褥香气持久不散，就如宋代洪刍著《香谱》中记载："熏香法：凡熏衣，以沸汤一大瓯置熏笼下，以所熏衣覆之，令润气通彻，贵香入衣，难散也，然后于汤炉中烧香饼子一枚以灰盖，或用薄银碟子尤妙置香在上熏之，常令烟得所，熏讫，叠衣，隔宿衣之，数日不散。"③

从古书画和文献记载中还可以了解到熏笼多是由细心贤惠的女性来使用的。宋代李祖尧编《孙尚书内简尺牍编注》中记载："如夫人（《左传》僖十七年，齐侯

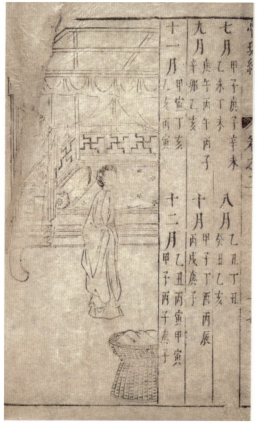

图一 《鲁班经》插图（明刊本）

图二 上海博物馆藏清人华胥《闲思图》（局部）

好内，多内宠、内嬖，如夫人者六人）护
衣篝（《韩文辨证》郎官汉置女侍二人执
香护衣）……"④

总之，熏笼对于古人来说是生活中离
不开的常用之物，上至宫廷、官宦大户人
家，下至寻常百姓家，生活中都会用到，
而且按照用途的不同，还把熏笼按照规格
大小进行了细分，欧阳询《艺文类聚》中

记载："火笼：东宫旧事曰，太子纳妃有
漆画手巾熏笼二，又大被熏笼三，衣熏笼
三。"⑤说明了古人在熏笼的制作技术和
使用上已经非常成熟，并由简单功能向多
用途形式逐渐发展演变。

3. 熏笼演变为可倚家具

随着使用的普遍和制作工艺的进步，
以及人们对舒适生活的要求，熏笼的形
式和用途也得以进一步演变发展，不仅有
熏烘和取暖的作用，还可以满足人倚靠、
休息之用，体会一种温暖舒适且香气宜人
的感觉。唐代白居易《白氏长庆集》中后
宫词写道："泪尽罗巾梦不成，夜深前殿
按歌声，红颜未老恩先断，斜倚熏笼坐到
明。"明代陈老莲绘《斜倚熏笼图》中形
象地表现出了女子倚靠在熏笼上时享受的
情景。清人丁绍仪著《国朝词综补》卷
四十三中记载："《点绛唇·题斜倚熏笼
图》：香烬灯残，枕边间煞巫云梦。鸳衾
谁共，只索和衣拥。倚定筠笼，生怕春寒
中。霜威重，隔条窗缝，梅萼偏禁冻。"⑥
又卷五十六中载："《金缕曲·为俞芝恬
题斜倚熏笼图》：衾枕寒如此。问熏篝，
余温可解，替融愁思。苦忆当年罗帷里，
暖玉光风细腻。为底向，天涯留滞。鹤梦
凄凉鸳梦冷，数更筹，两地应无寐。离别
恨，是谁最。披裘几度娇慵起。拨残灰，
偎他宿，火宝斜坠。烛影荧荧香垂烬，一
任闲堆锦被。领略尽，相思滋味。拚待绿
窗红日上，把新诗织作回文。湘竹晕，渍

图三 （明）陈老莲《斜倚熏笼图》（局部）

清泪。"⑦（图三）

二、清代熏笼的发展演变与使用

1. 清代帝王宫中陈设的熏笼

清代熏笼的发展演变更是达到了最高水平，宫廷和官宦大户人家中陈设和使用的熏笼最为华贵精美，种类更加丰富，形式、材质及制作工艺上追求美观奢华，用途也逐渐细分多样，既实用又是很好的室内装饰陈设，体现出主人身份的高贵，充分满足统治者与贵族阶层对舒适奢华生活的要求。

熏笼的形象在许多历史影视剧中也多有出现，观众都不陌生，而且在古代书画、小说中也不乏展示和描述。在故宫中参观行走，观众都会发现，无论是外朝三大殿还是后宫内廷生活区宫殿中原状陈列有或大或小，或方或圆的各式各样精美的熏笼，熏笼在宫中又叫作熏炉或炭炉，是在炭火盆上面罩以金属笼罩，外观造型精美多样，制作工艺复杂精湛，是宫殿中冬季取暖的器物，且被赋予了更多的装饰作用，集两者功能为一身，美观实用，尽显皇家气派和高贵的生活品位（图四—图七）。

受宫廷生活的影响，熏笼的使用也受到宫外王公贵族这些大户人家的争相效仿，就像《红楼梦》第五十一回中这样的描写："说着又将火盆上的铜罩揭起，拿

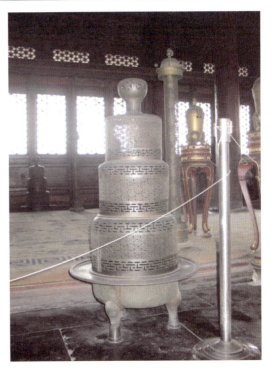

图五　太和殿铜熏笼

图六　皇极殿方形珐琅熏笼

图四　故宫重华宫芝兰室

灰锹重将熟炭埋了一埋，拈了两块速香放上，仍旧罩了。至屏后，重剔亮了灯方才睡下。"书中较详细地描写了生活中使用的同宫中熏笼类似的器物，但没有将其称

图七　长春宫室内熏笼

为熏笼，而是描述为带铜罩的火盆。同时，书中描写得更加精致小巧且实用的手炉、脚炉这类随身携带的取暖用具也在当时非常盛行，深受女性的喜爱。（图八、图九）

2.可坐卧的床具

在《红楼梦》第五十一回中有对熏笼使用这样的描写："……后晴雯麝月皆卸罢残妆脱换过裙袄，晴雯只在熏笼上围坐……那熏笼上又暖和，比不得那屋里炕凉，今儿可以不用……服侍宝玉卧下，二人方睡，晴雯自在熏笼上，麝月便在暖阁外边……仗着素日比别人气壮不畏寒冷，也不披衣，只穿着小袄便蹑手蹑脚的下了熏笼，随后出来，宝玉劝道：'罢呀！冻着不是玩的……'""……不但宝钗姐妹在此，且连岫烟也在那里，四人围坐在熏笼上叙家常。紫鹃倒坐在暖阁里临窗户做针线……"

在第五十二回中描写道："命将熏笼抬至暖阁前，麝月便在熏笼上睡一宿无话，至次日天未明，晴雯便叫醒麝月道，你也该醒了，只是睡不够，你出去叫人给他预备茶水，我叫醒他就是了，麝月忙披衣起来道，咱们叫他起来穿好衣裳，抬过这火箱去。"

从书中具体生活场景的描写中，形象展现出了清代已经出现的体量较大且可以

取暖和承受坐卧的炕床式的熏笼，比前述可依靠的熏笼更进了一步，增加了卧具的使用功能，外形为木制方箱形式，内部中空，结构轻便简单，使用起来方便卫生，可按需要轻易地挪动位置，下面中空处能放炭火盆，可将箱体烘热取暖。可见书中对生活场景的描写内容是作者源自于对宫廷和王公贵族家生活状况的了解。

3.清代宫廷使用的"火车暖床"

在对明清紫禁城宫殿建筑中炕床的资料研究整理过程中，找到国家图书馆馆藏清咸丰八年的一份样式雷图档《正殿养心

图八　（清）陈枚绘《月曼清游》画册之《围炉博古》

图九　故宫藏掐丝珐琅勾莲纹椭圆手炉

殿新式旧式宝座床立样》，描述了同样为可坐卧和取暖的宝座床⑧——"火车暖床"在清宫中的使用情况："咸丰八年十一月三十日，由养心殿西厂子交出着造办处成做安包内宝座床一分，向来是衣库安设做套，今改火车暖床，着烫样呈览。钦此。拟添火车并井子支条铁叶，上有小碎孔。上安方孔床板，内里三面拥立墙钉铁叶，三面楠柏木挂面，后面拥板子，于初三日呈览。"图档中还详细注明了火车暖床及铁火车（火箱）的规格和细部尺寸："床板一块，宽三尺六寸，进深三尺，每格见方八分，每条宽八分……火箱一个，盖上做古老钱二十个（宽一尺三寸，长一尺，高四寸二）……"⑨

档案中的"火车暖床"与《红楼梦》书中描写的炕床式熏笼应是同属一类，是一种较大型的可移动的暖床（图十、图十一）。清代随缘下士编《林兰香》第三十回中寄旅散人"附录"一则中谈到有

关炕："北人畏寒，遇炕而惟是依，炕之功大矣。……炕之制不一，木床也，周以板，烘以炭，名曰木炕。"⑩这同样也是描写的北京富贵人家，这种"周以板，烘以炭"的木制暖床也是"火车暖床"。

"火车暖床"作为一种可以组装拆卸便于移动的宝座床，其实早在康、雍、乾三朝的清宫档案中，就有使用的记载。清代早期的离宫御苑集中在京城、热河二

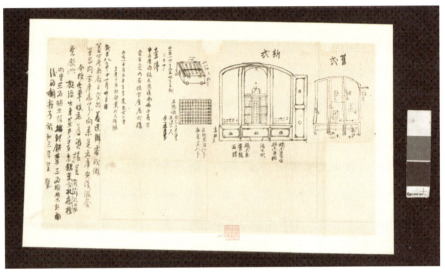

图十　国家图书馆藏样式雷图档（编号YSL167—0075）

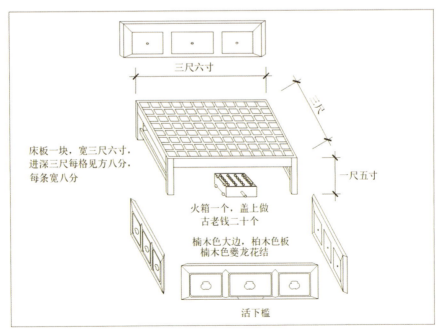

图十一　根据样式雷图档绘制的火车暖床结构分解示意图

处，驻跸日久⑪，其功能便并不限于园林游赏，而是兼理朝政。南苑如是，畅春园如是，热河行宫如是，甚至清帝的行营大帐亦如是。"……皇帝住的黄幄在中央……最后一个（院子），即最里面的一个，是个长四十八至五十码、宽三十六码的长方形院子，四周围以黄布……在黄布围墙的中央，只有皇帝住的黄幄，它按照鞑靼式样是圆形的，和鸽子窝很相似。皇帝一般有两座这样的黄幄，每个直径六码……皇帝住在一个黄幄里，白天待在另一个黄幄里……在第二个帐幕的最里边是皇帝的御床，床的天盖及床帘由有龙的图案的金色锦缎（做成）。被子和床单全是缎子制成。按照鞑靼习俗，天冷时在被子上面还盖一条狐狸皮的被子……"⑫由此，我们也可以约略描绘康熙行营大帐核心部分的布局和室内布置情况。这里面皇帝的御床应该就是"火车暖床"。（图十二）

雍正元年的清宫内务府造办处档案中记载："农历二月十一日【地点】木作

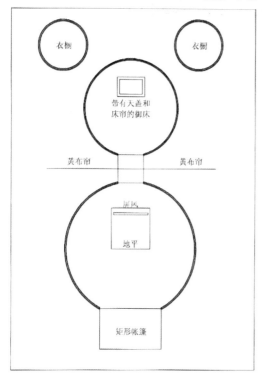

图十二　康熙行营大帐平面复原示意图⑬

十一日总管太监张起麟传（入木作）蒙古包内床上着做楠木靠背二分，钦此。"⑭

另外，乾隆四年（1739）的清宫内务府造办处档案中记载："十二日太监韩世忠来说太监毛团交楠木包镶杉木暖床一张（随楠木栏杆一件红白毡二块）传着送往圆明园交开其里钦此（于本年四月初六日催总白世秀将暖床一张随楠木栏杆一件红白毡二块持进交首领开其里收讫）。"⑮

乾隆四十四年（1779）的清宫内务府造办处档案中记载："二十五日，员外郎四德、五德、催长大达色、副催长福来，为年例，中正殿长街搭盖玻璃蒙古包，内添设暖床、三屏峰，做得暖床木样一座，内做得火炉木样一件，并做得三屏风样，挑得内库绿金花回子绸一块做床刷，金花缎二匹做屏风套心子，石青洋锦一匹做大边。持进交太监鄂鲁里呈览。奉俱照样准做，所挑材料亦准用钦此。"⑯

另，"二十三日，员外郎四德、五德、催长大达色来说，太监鄂鲁里传年例，中正殿长街搭盖玻璃蒙古包，叉叉里下做三面，锦刷暖床一张，锦套三屏峰一架。先做样成览钦此。"⑰

另，"十七日，员外郎四德、五德等来说，太监厄勒里传，养心殿东暖阁铺设花毡，上着用里边糙花毡，沿细布边吊细布里铺设，钦此。于本月二十五日将养心殿东暖阁铺设得红地黑花毡换下，随安室等处黄地红花毡五块，内做得蒙古包暖床上床毡一块，余剩花毡大小五块呈览，奉将花毡五块俱交王忠在北海看地方铺设钦此。"⑱

从上述档案记载中的时间来看当为冬季，蒙古包内添设的应为火车暖床。

清代宫廷档案中"火车暖床"是古老熏笼出简单形式到复杂多功能形式的成熟演变，体量更大更规整实用，构造和使用原理相同，且方便搬运挪用。其床架和带有孔洞的床板构成了熏笼的金属外罩，床上有铺垫，人在上面会感到温暖。图八中方形的铁火箱，相当于笼罩下的炭火便移动和加热取暖的小型暖床（表一）。

明清紫禁城宫殿建筑中，冬季室内取暖用工具无论是炭火盆、熏炉、炭炉、手炉、脚炉还是火炕、暖床，所使用的燃料是红箩炭。明刘若愚著《明宫史》记载："凡宫中所用红箩炭者，皆易州一带山中硬木烧成，运至红箩厂，按尺寸锯截，编小圆荆筐，用红土刷筐而盛之，故名曰红箩炭也。每根长尺许，圆径二三寸不等，气暖而耐久，灰白而不爆。"[20]明代姚旅《露书》记载："红箩炭，御用之炭也，出房山。长四寸，圆如碟，虽千百如度。烧之易然，然之经久难化。香气纲缊逼人，帝王所用乃天造地设如此"[21]。每到冬季十一月初一日开炉节，宫中内务府设专人开始负责供暖烧炭事宜（图十三）。乾隆五十年（1785）记载建福宫等处奏销档："……炉二十六个，每年应用红箩炭二百九斤……"

到了近现代，我国许多地方仍保留使用熏笼的传统，特别是在南方，还衍生出了类似熏笼功能的陶火坛、站桶等取暖用具。现如今仍有茶农保留着使用特制竹熏笼烘焙茶叶的传统工艺制茶，熏笼即是生活用具，又兼作生产加工工具。

图十三　清人画《胤禛行乐图》

盆，铁火箱放在床架下面，里面燃木炭，盖儿上打古钱形孔洞，散热且防止火星乱溅，铁火箱下面安有轱辘和把手便于移动操作，故又叫铁火车。铁火车是根据火车暖床的体量大小，由清宫内务府造办处定制。道光十三年十一月三十日丙申，内务府活计档记载："养心殿东围房做铁火车一件，高六寸，宽八寸，长一尺五寸，安古轮四个，离地三分。铁靶筒长五寸，木靶长三寸，一头安荷包环子，铁罩一件，高一尺一寸，宽五寸，长二尺五寸，三面墙身掏古老钱，顶子上面四角掏古老钱四个。床挂檐挖门子，床板两块钉铁叶子明进匠。"[19]实际上，无论是《红楼梦》中所说炕床式熏笼，还是清宫档案记载中使用的"火车暖床"，都是一种冬季使用的方

三、小结

皇家宫廷生活与民间生活中在很多方面是相互借鉴、相互影响的，从而得以创新发展并出现了以宫廷为主导的宫廷风格。这种宫廷风格同整个宫廷内檐装修规制、空间形式、装修做法逐步成熟稳定是分不开的。

表一　各类熏笼、暖床的对照表

名称 ＼ 构成功能	供热	笼罩	功能	使用燃料
民间使用熏笼	炭火盆	竹编笼罩	取暖、熏烤衣物	木炭、竹炭
宫廷熏笼（炭炉）	炭火盆	金属网状罩	取暖、熏烤衣物	红箩炭
《红楼梦》中熏炉（炭炉）	炭火盆	金属网状罩	取暖、熏香	红箩炭
《红楼梦》中熏笼	铁火车（铁火箱）	木床架，床板带孔洞	坐卧、取暖	红箩炭
宫廷火车暖床	铁火车（铁火箱）	木床架，床板带孔洞	坐卧、取暖	红箩炭

比如从熏笼到火车暖床的发展演变，与日常生活密切相关，是一个为满足生活需要不断完善的结果，源于民间，又高于民间，从原始简单实用到同时能够满足对感观和舒适享受的要求，符合帝王生活的需要。在这个过程中，优秀的民间工艺的风格、元素会被吸收到宫廷中加以完善形成宫廷风格，反过来，宫廷生活中很多方面又引领风尚潮流，对民间生活及审美产生积极影响，首先成为王公贵族追逐效仿的目标并流传开来，不断加以完善，赋予生命力。

正如朱家溍先生所讲的，宫殿陈设和宫墙外面的风尚必然是相互影响[22]，长此以往，贴近生活的传统文化、传统工艺、传统生活习俗被接受的同时才会得以发展和传承，深入人心。

---

①[宋]陈敬：《陈氏香谱》卷四，清文渊阁《四库全书》本。

②[明]文震亨：《长物志》卷十，清《粤雅堂丛书》本。

③[宋]洪刍：《香谱》卷下，清学津讨原本。

④[宋]孙觌撰，李祖尧注：《孙尚书内简尺牍编注》卷七，清乾隆刻本。

⑤[唐]欧阳询撰：《艺文类聚》卷七十《服饰部下》，清《文渊阁四库全书》本。

⑥[清]丁绍仪辑：《国朝词综补》卷四十三，清光绪刻前五十八卷本。

⑦[清]丁绍仪辑：《国朝词综补》卷五十六，清光绪刻前五十八卷本。

⑧宫中供皇帝使用的独坐木炕，是会见大臣、处理政务和看书休息的地方。

⑨铁火车即火箱，是放置在床下供暖的热源，为矩形金属盒，内装木炭，下面安有铁轱辘便于推动，上面有金属盖，盖上有镂空的古铜钱状散热孔洞。床板上有镂空的方格状孔洞，便于热气透过温暖床面。

⑩[清]随缘下士编：《林兰香》，春风文艺出版社，1985年，第238页。

⑪贾珺：《清代离宫御苑朝寝空间研究》，清华大学建筑学院2001年博士学位论文。

⑫张宝剑等译：《张诚日记》，中国社会科学院历史研究所清史研究室编，《清史资料》第五辑，中华书局，1984年，第175—178页。

⑬刘畅：《清代宫廷内檐装修设计问题研究》，清华大学建筑学院2002年博士学位论文。

⑭《内务府造办处档案》，雍正元年（1723）农历二月十一日，木作。

⑮《内务府造办处档案》，乾隆四年（1739）农历三月十二日，木作。

⑯《内务府造办处档案》，乾隆四十四年（1779）农历十一月二十五日，灯裁作。

⑰《内务府造办处档案》，乾隆四十四年农历十一月二十三日，灯裁作。

⑱《内务府造办处档案》，乾隆四十四年农历十二月十七日，灯裁作。

⑲清代一营造尺=32厘米。

⑳[明]刘若愚：《明宫史·木集·惜薪司》，北京古籍出版社，1980年，第38页。

㉑[明]姚旅：《露书》卷十一，明代天启刻本。

㉒朱家溍：《明清宫殿内部陈设概说》，《禁城营缮纪》，紫禁城出版社，1992年，第318页。

（作者单位：故宫博物院）

清雍正年间王进驭夫妇墓志铭研究

刘　涛

近年在厦门市海沧区嵩屿街道贞庵村澳头社出土的清雍正年间王进驭、蔡氏夫妇墓志铭，为之撰文的洪晨孚、为之书丹的钟元辅均是京城名宦，为之篆额的是原籍京城的名宦吴兴业，于雍正三年（1726）十二月二十一日担任京官时分工协作，共同完成。其书写顺序，首先是吴兴业篆额，其次是洪晨孚撰写墓志铭正文，最后是钟元辅书丹。该墓志铭现藏福建省漳州市芗城区，目前学术界对此未有研究。

本文将围绕王进驭、蔡氏夫妇墓志铭，广泛搜集新旧方志、正史、《清实录》《明清历科进士题名碑录》等史料，结合族谱、碑铭、口述史料等，通过分析此墓志铭的书写特点，揭示墓志铭的历史意义，探索清初京官群体以及京籍名人的相互关系。

该墓志铭保存完好，为石质，长方形，高61.2厘米、宽41厘米、厚3.6厘米。全文895字，25行，其中篆额22字，正文873字（图一）。篆额："皇清待赠儒林郎逸南王公暨太安人懿淑蔡氏墓誌銘"，铭文抄录标点如下：

皇清待贈儒林郎逸南王公暨配太安人懿淑蔡氏墓誌銘

賜進士出身、翰林院檢討，充三朝國史纂脩官、前翰林院讀滿漢書庶吉士、己卯解元、年家眷姪：洪晨孚頓首拜撰文；

分守山東濟東道、兼理通省驛傳事務，布政使司叅議，加二級，年姻姪：吳興業頓首拜篆額；

賜進士出身、翰林院教習館教習、特選內閣誥敕撰文中書舍人、年家眷姪：鐘元輔頓首拜書丹。

逸南公者，調六公長男，司鐸心球公之孫也。家世詩書，居銀同之白礁，推望族焉。心球公由明經任山東蓬萊學博。值兵燹之餘，庠序凋敝，猶培植士氣，訓經義。迨濟南告變，諸士請去。心球公堅持不可，謂守道與守土同其責，真窺聖賢奧室矣。心球公沒，調六公繼志，逸南公繩武積德，累仁克修，厥業然數奇。時滄

图一　王进驭、蔡氏夫妇墓志铭

桑，逸南公慨然曰："詩書為吾世業。"偕太安人蔡氏食貧處約，克自謹守，無墜先人業。舉丈夫子三：長國輔，次國佑，季國鼐，皆濟濟人傑。國輔，享年不永，季弟國鼐以四子綿祚為其後。古人有言："明德達人，克昌厥後。"信哉。而國鼐倜儻有大志，喜讀書，慧穎絕倫，自喪怙恃，兄弟及愛。迨奇跡五羊，閩粵之間，聲施爛焉。夫非逸南公克繩先業之食報乎？爰誌其略，以垂不朽。公諱進馭，號逸南，行一，生於崇禎庚午十一月十六日丑時，卒於康熙己未十二月十四日辰時，享年五十。配諱明娘，生於崇禎乙亥八月十六日戌時，卒於康熙丙寅三月十三日未時，享年五十有二。男子三，次子國佑，太學生，娶鄉飲賓林諱立勳公女。孫：錦玉，娶鄭諱思堯公女；次綿珠，娶癸巳恩科舉人周諱得武公功妹。孫女：長許聘辛諱家煆公男諱帝，次未聘。曾孫：聰，未聘。曾女孫二，俱未聘。季子國鼐，候選州司馬，娶庠生賴諱嘉圖公胞姪女。孫獻琛，邑庠生，娶崇禎戊辰進士、翰林院庶吉士、兵科給事中魏諱呈潤公曾姪孫：庠生、諱用楫公次女；次綿成，歲貢生，娶甲辰科舉人趙諱磐公功妹；次綿祖，聘丙戌科進士、授四川昭化縣知縣、行取吏部主政何諱秉忠公男：庠生、諱振曾公女；次綿祚，聘太學生黃諱正甲公女，出嗣長房；次綿芳，聘任臺灣副總兵官陳諱倫炯公女孫。女五：一適太學生黃諱正辰公男：庠生、諱錦，次許聘特旨補授福建水師叅府許諱良彬公男：諱邦，次許聘現任廣東吳川營守府陳諱芳公男：諱城餘。孫女二，未許聘。曾孫莢、蓮、苣；曾孫女一，俱未聘。餘繩繩未艾。歲在雍正乙巳年臘月念一日甲申，卜吉合葬於海澄三都太監府澳頭社，坐癸向丁，無丑未。

銘曰：佳域癸丁，王公兆墳，椿萱並茂，千億子孫。

不孝男：國佑、國鼐，長房孫：綿祚全稽額

次房孫：綿玉、綿珠，三房孫：獻琛、綿成、綿祖、綿芳全稽首勒石

一、墓志铭的撰文、篆额、书丹者

（一）为墓志铭撰写正文的洪晨孚是京城名宦

洪晨孚，旧志未有传，其事迹散见《清实录》、旧志记载。《大清康熙四十五年进士题名碑铭（丙戌科）》记载："洪晨孚，广东惠州府海丰县人。"[①]"己卯解元"指康熙二十六年己卯科（1687）广东乡试解元。《清圣祖实录》记载："（康熙四十五年丙戌夏四月）乙卯，谕翰林院、选拔庶常、原以作养人材。今科进士、特加简阅。"其中，洪晨孚"等五十名、着改为庶吉士。并修撰施云锦、编修吕葆中、贾国维、分别满汉书教习[②]。"洪晨孚在康熙四十五年（1706）改为翰林院庶吉士，此处未明确记载洪晨孚到底是满书抑或汉书教习，然而，另据《清圣祖实录》记载："（康熙四十八年己丑三月）壬子，谕吏部、庶吉士介孝瑺等教习已久、今加考试应分别授职。除王云锦、贾国维、已授修撰编修外。"其中提及"满书庶吉士"有洪晨孚，称"俱照例授为翰林院编修、检讨"[③]，未明确记载其到底是编修抑或检讨，但从洪晨孚在此墓志铭落款"翰林院检讨"来看，其时例授翰林院检讨。

洪晨孚在何时何地撰写王进馭墓志铭？洪晨孚撰写王进馭墓志铭为"雍正乙巳腊月念一日"即雍正三年乙巳十二月二十一日，落款官职为"赐进士出身、翰林院检讨，充三朝国史纂修官、前翰林院读满汉书庶吉士"，从中可知洪晨孚此前担任翰林院读满汉书庶吉士，时任翰林院检讨、充三朝国史纂修官。另据乾隆《海丰县志》记载："洪晨孚（康熙丙戌科翰林院检讨、充三朝国史纂修官，改授户部清吏司主事）。"[④]洪晨孚后来改授户部清吏司主事，可见洪晨孚自康熙四十八年

（1709）起担任翰林院检讨，直到雍正三年仍任此职，王进驭墓志铭在其任职京官时所撰。

（二）为墓志铭篆额的吴兴业原籍京城

吴兴业，字鄮侯，表面上是福建建宁府浦城县人，实则来自京城。光绪《续修浦城县志》有传记载其父吴郡：

吴郡，字云士，其先凤阳人，祖高，明季官京卫指挥使，李自成逼京师，与父贵及家属七人同日殉难。郡时年八岁，同老仆逃至闽省。及长，胆力绝伦，落魄汀、泉间久，乃居浦城之黄溪洲。⑤

吴郡的祖父吴高在明末担任京卫指挥使，在李自成起义军进逼京城之际，与其子即吴郡之父吴贵及其家眷七人同日殉节。吴郡时年八岁，在老仆相伴下，逃往福建。成年后，流落闽西汀州府、闽南泉州府，最后定居闽北延平府浦城县。吴郡祖籍凤阳，来自明太祖朱元璋的家乡，应在明初就戍守京城，是明代卫所军户后裔，在京城生活数代，又从京城入闽，是京城人。

吴兴业传在"康熙四十九年，闽省告饥，随父郡自定海运江浙漕粮，赴漳、泉，议叙以把总补用。五十一年，陈尚义在黄岩伤官兵。郡时官提督，命兴业领兵往南北二洋哨擒"，康熙五十二年（1713）"以恩荫一品官生"。"（康熙）五十四年，陕西用兵，请旨效力，闻父计奔丧扶柩归葬"。与其父关系密切，深受福建总督满保器重，历任把总、治中、选授山东东昌府知府、擢分守济东秦武临道⑥。

吴兴业在王进驭墓志铭落款官职为："分守山东济东道、兼理通省驿传事务，布政使司参议，加二级"，其为王进驭墓志铭篆额时任济东道，是原籍京城的地方名宦。

吴兴业之孙吴光祖，"涿州知州世臣子"⑦，可知吴兴业之子吴世臣宦游涿州。吴兴业另一孙吴辉祖，扬名京畿。

"丁忧服阙，借补通州知州，丰润有麦久未结，万桑橄妥一讽而服，再调顺天南路同知，嘉庆五年大水，率属拆赈，民无失所，擢天津府知府，勤于其职，寻以疾归，卒于涿州，子廷标、廷柱、廷榜。"⑧吴兴业一家定居涿州。

（三）为墓志铭书丹的钟元辅是京城名宦

钟元辅，在王进驭墓志铭落款官职为："赐进士出身、翰林院教习馆教习、特选内阁诰敕撰文中书舍人。"《大清康熙六十年进士题名碑录（辛丑科）》记载："钟元辅，广东广州府新会县人。"⑨雍正《广东通志》又云：康熙六十年辛丑进士"钟元辅，新会人，郎中⑩"。

钟元辅在光绪《广州府志》有传：

钟元辅，字家千，扶南堡人（阮通志作：字扶南，误）。父凤仪，有至行，乡人称为钟孝子。元辅由新会籍补诸生，康熙辛卯举人，辛丑进士。南归与新会胡大灵、皖城谢禹翱讲学大通寺。雍正四年，选山西怀仁县。……十三年，丁母忧，南还。逾年卒，年五十四。⑪

此"十三年"指雍正十三年（1735），雍正十三年的"逾年"即乾隆元年（1736），钟元辅去世，时年五十四岁，由此逆推其生年为康熙二十二年（1683）。钟元辅在康熙五十年辛卯（1711）中举，康熙六十年（1721）中进士。光绪《广州府志》认为钟元辅中进士后南归，与广东同乡胡太灵、谢禹翱等人讲学广州大通寺。雍正四年（1726）选授山西怀仁县，历任大同通判、浑源州通判、户部员外郎兼管太医院使事、户部郎中、礼部郎中。该志未述及钟元辅曾任翰林院教习馆教习、待选内阁诰敕撰文中书舍人，按钟元辅书丹的王进驭墓志铭是真实可靠的，因此应是此旧志漏载其官职。钟元辅书丹时到底是在京城抑或广州？若钟元辅其时未任翰林院教习馆教习，那么应在官职之前冠以"前"志，钟元辅其时应在京城待选内阁诰敕撰文中书舍人，此前在考取进士后讲学广州大通寺。

二、墓志铭的政治书写特点

（一）与东南沿海戎务密切联系

虽然王进驭墓志铭为京城名宦所撰、书丹，原籍京城的名宦篆额，其碑铭内容却与东南沿海戎务密切联系。主要体现在以下三个方面。

其一，述及闽南历史名人。

墓主与闽南历史名人魏呈润、何秉忠、许良彬、陈伦炯、陈芳等人联姻。其中魏呈润、陈伦炯分别获《明史》《清史稿》立传。《明崇祯元年进士题名碑录（戊辰科）》记载："魏呈润，福建漳州府龙溪县民籍。"[12]《明史》有魏呈润传："熹宗时，司业朱之俊议建魏忠贤祠国学旁，下教有'功不在禹下'语，置籍，责诸生捐助。及帝即位，委过诸生陆万龄、曹代何以自解，首辅韩爌以同乡庇之，漏逆案。及是，之俊已迁侍讲。呈润发其奸，请与万龄弃西市，之俊由是废。"[13]

乾隆《泉州府志》记载：康熙四十五年丙戌科（1706）进士"陈秉忠，原姓何。同安籍。传见循绩"[14]。乾隆《泉州府志》记载：

何秉忠，字礼尚，号梅淑，晋江人。康熙庚午举人，丙戌进士，授昭化令。……在任五年，传马仅毙五匹，行取入都，士民祖道，供帐交于邻境，舆不得前。至京，赐貂皮二领，以五部主事补用，未得缺，卒于京，年六十六，所著有《管蒯集遗》。子振曾、鼎铉俱举人。[15]

何秉忠入京候补主事，该志所云"五部"在王进驭墓志铭所作"吏部"，该志所载"主事"在王进驭墓志铭所作"主政"。何秉忠于此获赐貂皮，卒于京城。

许良彬，字质卿，号文斋。许良彬主修《圭海许氏世谱》记载："港滨派十三世：良彬，字质卿，号文斋，名荫，福建水师提督军门、诰授荣禄大夫。元配李太君，诰封一品夫人。总修本族世谱。"[16]

乾隆《海澄县志》记载："许良彬，七都人，贡生，即用知州，改武秩，特授烽火门参将，升至厦门水师提督，诰授荣禄大夫、左都督，赠太子少保，谥壮毅，赐全祭葬，晋赠光禄大夫，有传。"[17]其是漳州府海澄县七都人。

许良彬虽然"读书不屑屑章句，间留心孙吴诸兵法"，却是贡生出身。许良彬之妻李氏出自将门之后。《圭海许氏世谱》记载："覃恩诰封一品夫人李太君讳罕，永州都督李公讳俊公之女也。"[18]其"族父宫傅公正"，即"许正，七都人，江西、广东提督，诰授荣禄大夫、左都督、太子少保、世袭拜他喇布勒哈番，又一拖沙喇哈番，赠太子少傅，赐祭葬，祀江西、广东名宦，有传"[19]。许正"提督广东，尝参帷幄，及巡历海疆于戎务犹洞彻心目"。许良彬在"康熙壬寅，……厦帅姚公堂聘为总统内标，侦缉余党，获钟朝等有功。姚公欲给随丁粮，一弗受，自备囊橐，踊跃从公。姚公韪之，遗疏特荐。继而提帅蓝公廷珍至，益廉知其才，交章奏请，以需次知州，改就武职。又请带领入觐，及陛见，大悦其才品，嘉二提师之得人，即以参游补用"[20]。许良彬深受姚启圣、蓝廷珍的赏识，屡经推荐。许良彬任职台湾期间"凡征召官兵渡海。彬自出俸钱，躬亲劳赏，益以鱼课额入佐之"[21]。许良彬先后弃武从文、弃文从武，有古代"儒雅威名"将领的风范，被视为"《淮南子》所谓：为国之宝者"[22]。许良彬之子许振扬承荫担任侍卫。

乾隆《续修台湾府志》记载：台湾总镇"陈伦炯，同安人，荫生，雍正四年任，六年调广东琼州镇"[23]。《清世宗实录》记载："陈伦炯受圣祖仁皇帝多年教养之恩。朕又加住用。"[24]陈伦炯在《清史稿》有传[25]，是《海国闻见录》的作者，雍正七年（1729）写就该书，在王逸南墓志铭撰写之际尚健在。

陈芳，乾隆《同安县志》有传，"官碣石镇游击""吴川游击"[26]。

其二，述及闽南名门望族。

墓主是闽南名门望族。墓主王进驭，号逸南，是泉州府同安县白礁（今漳州市龙海区角美镇白礁村）人。

方苞《广东副都统陈公墓志铭》记载：陈昂"子三人：长伦炯、次芳"[27]，即陈伦炯、陈芳，其父广东副都统陈昂，《清圣祖实录》作"陈昂"[28]，由清初海商成为名将，其三子中就有二子与王进驭家联姻。

其三，涉及多名沿海名将。

许良彬早年追随其族叔伯太子少傅许正驻守广东，备受康熙、雍正青睐，五次受到康熙的接见。"五觐天颜，凡所陈奏皆称旨，恩赐稠叠，自来镇臣希有也。"[29]

陈伦炯，王进驭墓志铭称"台湾副总兵官"，《清世宗实录》记载："（雍正四年丙午十月丁卯）升福建台湾副将陈伦炯为福建台湾总兵官。"[30]实指福建台湾副将。乾隆《续修台湾府志》记载：南路参将"陈伦炯，同安人，侍卫，康熙六十年任"[31]。陈伦炯本是侍卫，曾在京为侍卫，康熙六十年自告奋勇领兵平定朱一贵事件，随后长驻台湾，官至台湾总兵。

陈芳，乾隆《同安县志》记载："吴川父老传其德不衰"[32]，颇有宦绩。道光《吴川县志》记载：吴川营中军守备"陈芳，福建人，雍正元年任，见游击。"[33]其继任杨启忠"雍正五年任"[34]。陈芳自雍正元年（1723）到雍正五年（1727）担任吴川营中军守备。

（二）深受王朝影响

墓主王进驭虽无官职，却与中央王朝关系密切。王进驭是"银同"人，即泉州府同安县人，古时同安有"银同安"之称，故称"银同"。康熙年间同安县志《大同志》记载："积善里四都五图"中有"二十都白礁"[35]，王进驭是同安县积善里二十都白礁人，生于崇祯三年庚午（1630）。墓志铭中言"时沧桑"，指清初战乱，清朝政权与郑成功、郑经、郑克塽祖孙三代在福建展开拉锯战，其间又

有镇守福建的靖南王耿精忠参与吴三桂发动的"三藩之乱"，福建社会动荡不安，不便参加科举考试，科举考试还会出现延期举行，读书人难以"学而优则仕"，处境艰辛，王进驭深受其害。王进驭之妻蔡氏生于崇祯八年乙亥（1635），顺治七年（1650）十五岁及笄，王进驭年已二十一岁，属于晚婚，蔡氏虽然勤俭持家仍然生活贫困。

王进驭的儿女亲家深受清初"迁海令"影响。许良彬是海澄县港滨许氏宗族。据许良彬主修《圭海许氏世谱》收录的雍正七年（1729）《港滨祖庙前后兴修总记》记载："无何甲申鼎革以后，沿澄连宵烽火。至康熙元年壬寅，禁严接济，遂使田里就芜，族姓鸿嗷，中泽而栖，神祠宇竟销毁于金戈铁马之健儿矣！""犹幸庚戌海氛少戢"[36]，许良彬故里自崇祯十七年（1644）以后，战乱不断，被郑成功作为抗清据点，清廷为此在康熙元年（1662）推行"迁海令"，许良彬宗祠于此遭毁，直到康熙九年庚戌（1670）后，稍得喘息。从深层次原因来看，许良彬追随的族父许正在"康熙三年，以郑氏将归顺"，即《清世祖实录》记载："（康熙三年甲辰五月乙酉）叙铜山投诚功。"[37]许正在康熙三年（1664）以郑成功之子郑经的部将归顺清朝，深受清郑战争影响。

方苞《广东副都统陈公墓志铭》记载：陈昂"泉州人，世居高浦，国初迁滨海居民徙灌口，父兄相继没，以母寡，艰生计，遂负书贾海上，屡濒死，往来东西洋，尽识其风潮、土俗、地形、险易"[38]。陈昂原先世居高浦，即福建永宁卫高浦守御千户所（今厦门市集美区杏林街道高浦社区），所谓"国初迁滨海居民"即清初"迁海令"，陈昂本是明代卫所军户出身，于此内迁同安县灌口（今厦门市集美区灌口镇），其父兄去世，其母寡居，陈昂只能铤而走险参与海上贸易，因航海危险，其几次与死神擦肩而过。

三、墓志铭的文教书写特点

（一）尊师重教

墓主王进驭虽无功名，却出身书香门第。王逸南的祖父王尚坤，字心球，康熙《蓬莱县志》记载：训导"王尚坤，福建人，崇祯四年任"。其继任岳敬中"六年任"③。所谓"兵燹之余"振兴文教，指康熙《山东通志》记载：登州府"崇祯四年辛未""十二月，兵变破城。壬申二月，克复城中，屠戮殆尽"④。王尚坤崇祯四年（1631）到六年（1633）任山东登州府蓬莱县儒学教谕。

王进驭三子中，仅次子王国佑成为"太学生"，即国子监生，七个男孙中有二人分别成为庠生、岁贡生。

王进驭的后裔多与书香门第联姻。进士魏呈润、何秉忠（陈秉忠），康熙《漳州府志》记载：康熙五十二年癸巳（1713）武科举人"周得武，龙溪"④。嘉庆《同安县志》记载：雍正二年甲辰举人"赵磐，厦门人，永定教谕"④。许良彬是贡生。陈伦炯是荫生。庠生有赖嘉图、魏用楫、何振曾，监生有黄正甲、黄正辰。

（二）宗族礼法

王进驭"行一"，即兄弟排行中居长，在明清时期以嫡长子为尊的年代，地位重要。王进驭的长子王国辅早逝，绝嗣；次子王国佑有二子，幼子王国鼐有五子。然而，王国辅绝后，并未从王国佑子嗣中过继，反而是从国鼐子嗣中过继，而且并非王国鼐的长子过继，而是王国鼐的第四子王绵祚过继，即王进驭墓志铭所载"长房孙：绵祚"，显然与礼法不同。然而，王进驭墓志铭却对王国鼐推崇备至。

究其原因有二：其一，王国鼐之子过继王国辅为嗣，王国鼐由此父以子贵，地位尊崇。王国辅已去世，王国鼐之子过继王国辅，实则王国辅一房，即长房由王国鼐掌控。在王逸南墓志铭中，王国鼐一房掌握话语权，王国佑只能退居其次。其

二，与王国鼐生平事迹和名门望族联姻有关。王国鼐出身所谓候选州司马，即捐职州同知。王国佑娶妻乡饮大宾之女，王国鼐其妻却是秀才的侄女，实则其父并无功名，显然是有意为之。王国鼐五子中有二子考取功名，五子均与名宦、名将联姻。王国鼐的五女中三女已聘，长女嫁入功名之家，次女、三女嫁入将门。王国鼐多子多孙，有子考取功名、与名门望族联姻，王逸南墓志铭由此获得洪晨孚、吴兴业、钟元辅合作完成。

（三）尊重地方民俗

王进驭卒于康熙十八年（1679），其妻蔡氏卒于康熙二十四年（1685），却直到雍正三年十二月二十一日安葬海澄县三都太监府澳头社。其时，王进驭已去世四十六年、蔡氏已去世四十年。福建地方社会已安定数十载，为何要在时隔数十年后方才安葬？

究其原因有三：其一，与"二次葬"习俗有关。死者去世后十余载，由其子孙为之拾骨，即闽南方言"捡金"，按照从脚到头的顺序将相应骨头安放在陶瓮，即闽南方言"金斗"，最后放置墓中，犹如端坐在墓中接受子孙朝拜，如此方成正式坟墓，即"祖墓"，方可在冬至之际祭扫，否则在清明时节祭扫。"二次葬"在闽南方言中称之为"做风水"，意义重大，长期在闽粤流行。名宦洪晨孚、钟元辅、吴兴业参与墓志书写，则是从尊重地方民俗角度出发的结果。其二，可能与王国鼐与王国佑房头互动有关。由于王国鼐之子过继长房王国辅，得以后来者居上，自然引发王国佑与之互动。其三，海澄县三都是明代漳州月港海外贸易的重要节点，此"太监府"中是力历皇帝选派的太监，于此监督收税。该地具有深厚的历史文化底蕴，意义十分重要，难得在此安葬。

四、结语

综上所述，可归纳为以下三点结论：

第一，洪晨孚、吴兴业、钟元辅三人仕宦清朝，因此合作完成的王进驭墓志铭极具家国情怀。洪晨孚、钟元辅虽是京城名宦，却是广东同乡，吴兴业虽入籍闽北，其父却来自京城。此为三人共同完成王进驭墓志铭的基础。洪晨孚、钟元辅故里广东名将陈芳，吴兴业故里福建台湾名将许良彬，促使三人合作完成墓志铭。

第二，洪晨孚、钟元辅故里均受清初“迁海”影响，吴兴业之父吴郡追随施琅收复台湾。加上吴兴业也是驰骋海疆的一代名将，由此获得觉罗满保器重。吴兴业对海疆多有了解，墓志铭涉及多位沿海名将。洪晨孚、钟元辅是进士，吴兴业是官生，因此关注文教。吴兴业“以母老请归，养嗣，丁母艰，遂绝意仕进，优游林下者三十余年，年八十卒，子十五人，入资多宦达”[43]。吴兴业以孝道著称，因其母去世，绝意仕途，居家三十余年，深谙礼仪。吴兴业亦坚持诗礼传家，成为著名的官宦世家。

第三，新时期墓志铭研究，应在文献分析的基础上，进行文本分析，重建史实。既要回到历史现场，又要对古人抱之以同情与理解。应置身更为广阔的时空，重点还原文本的书写过程，深入研究。

---

①《明清历科进士题名碑录》第3册，中国台湾华文书局股份有限公司，1969年，第1716页。

②《圣祖实录》第3册卷225，《清实录》第6册，中华书局，1985年，第260—261页。

③《圣祖实录》第3册卷237，《清实录》第6册，中华书局，1985年，第370页。

④[清]于卜熊修：乾隆《海丰县志》卷5《选举》，同治十二年（1873）据乾隆十五年（1750）刻版重修，中国国家图书馆藏，第28页b。

⑤[清]翁天祜修：光绪《续修浦城县志》卷22《人物二·政绩下》，《中国地方志集成福建府县志辑》第7册，上海书店出版社，2000年，第418页。

⑥㊸[清]翁天祜修：光绪《续修浦城县志》卷22《人物二·政绩下》，《中国地方志集成·福建府县志辑》第7册，上海书店出版社，2000年，第418—419页。

⑦[清]翁天祜修：光绪《续修浦城县志》卷22《人物二·政绩下》，《中国地方志集成·福建府县志辑》第7册，上海书店出版社，2000年，第419页。

⑧[清]翁天祜修：光绪《续修浦城县志》卷22《人物二·政绩下》，《中国地方志集成·福建府县志辑》第7册，上海书店出版社，2000年，第419—420页。

⑨《明清历科进士题名碑录》第3册，中国台湾华文书局股份有限公司，1969年，第1785页。

⑩[清]郝玉麟修：雍正《广东通志》卷35《选举志五（文武分编）进士国朝》，雍正九年（1731）刻本，中国国家图书馆藏，第4页a—4页b。

⑪[清]戴肇辰修：光绪《广州府志》卷128《列传十七·国朝·南海》，粤秀书院光绪五年（1879）刻本，中国国家图书馆藏，第5页b—6页a。

⑫《明清历科进士题名碑录》第2册，中国台湾华文书局股份有限公司，1969年，第1256页。

⑬[清]张廷玉等修：《明史》卷258《魏呈润传》，《钦定四库全书》卷六千八百五十一（史部），第8页b—9页a。

⑭[清]怀荫布修：乾隆《泉州府志》卷37《选举五·国朝进士》，金华章倬标同治九年（1870）据乾隆二十八年（1763）刻版重修，中国国家图书馆藏，第5页a。

⑮[清]怀荫布修：乾隆《泉州府志》卷51《循绩·国朝循绩三·何秉忠》，金华章倬标同治九年（1870）据乾隆二十八年刻版重修，中国国家图书馆藏，第20页a。

⑯《圭海许氏族谱》卷3，《许姓大宗族谱》第50册，1981年据雍正八年庚戌（1730）刊本影印，漳州市政协海峡文史馆藏，第41页a。

⑰[清]陈锳修：乾隆《海澄县志》卷10《选举》，乾隆二十七年（1762）刻本，中国国家图书馆藏，第11页a。

⑱《圭海许氏族谱》卷2，《许姓大宗族谱》第50册，1981年据雍正八年庚戌刊本影印，漳州市政协海峡文史馆藏，第58页a。

⑲[清]陈锳修：乾隆《海澄县志》卷10《国朝武

职》，乾隆二十七年刻本，中国国家图书馆藏，第8页b。

⑳ [清]陈锳修：乾隆《海澄县志》卷13《人物志·国朝列传》，乾隆二十七年刻本，中国国家图书馆藏，第13页a—13页b。

㉑ [清]陈锳修：乾隆《海澄县志》卷13《人物志·国朝列传》，乾隆二十七年刻本，中国国家图书馆藏，第13页b—14页a。

㉒ [清]陈锳修：乾隆《海澄县志》卷13《人物志·国朝列传》，乾隆二十七年刻本，中国国家图书馆藏，第14页b。

㉓ [清]余文仪修：乾隆《续修台湾府志》卷10《武备二官秩》，乾隆三十九年（1774）刻本，中国国家图书馆藏，第1页b。

㉔《世宗实录》第2册卷88，《清实录》第8册，中华书局，1985年，第188页。

㉕ 赵尔巽撰：《清史稿》卷284《列传71·林亮附：陈伦炯》，民国十六年（1927）刊本，第5页a—5页b。

㉖㉜ [清]吴堂修：嘉庆《同安县志》卷21《武功》，光绪十二年（1886）刻本，中国国家图书馆藏，第68页b。

㉗ [清]方苞撰：《望溪先生文集》卷10《墓志铭三十首》，咸丰元年（1851）刻本十八卷，天津图书馆藏，第5册，第20页b。

㉘《圣祖实录》第3册卷263，《清实录》第6册，中华书局，1985年，第587页。

㉙ [清]陈锳修：乾隆《海澄县志》卷13《人物志·国朝列传》，乾隆二十七年刻本，中国国家图书馆藏，第13页a—14页a。

㉚《世宗实录》第1册卷49，《清实录》第7册，

中华书局，1985年，第739页。

㉛ [清]余文仪修：乾隆《续修台湾府志》卷10《武备二·官秩》，乾隆三十九年（1774）刻本，中国国家图书馆藏，第6页a。

㉝㉞ [清]李高魁修、（清）叶载文纂：道光《吴川县志》卷6《武职》，中国国家图书馆藏，道光五年刻本（1825），第30页b。

㉟ [清]朱奇珍修：康熙《大同志》卷1《舆地志》，康熙五十二年（1713）抄本，福建省地方志编纂委员会藏，第7页a。

㊱《圭海许氏族谱》卷1《序文》，《许姓大宗族谱》第50册，1981年据雍正八年庚戌刊本影印，漳州市政协海峡文史馆藏，第25页b。

㊲《圣祖实录》第1册卷12，《清实录》第4册，中华书局，1985年，第185页。

㊳ [清]方苞撰：《望溪先生文集》卷10《墓志铭三十首》，咸丰元年刻本十八卷，天津图书馆藏，第5册，第19页b。

㊴ [清]高岗修：康熙《蓬莱县志》卷3《职官》，康熙十二年（1673）刻本，中国国家图书馆藏，第18页a。

㊵ [清]赵祥星修：康熙《山东通志》卷63《灾祥》，康熙四十一年（1702）据康熙十七年（1678）刻版增刻，中国国家图书馆藏，第39页b。

㊶ [清]魏荔彤修：康熙《漳州府志》卷16《选举》，中国国家图书馆藏，康熙五十四年（1715）刻本，第28页a。

㊷ [清]吴堂修：嘉庆《同安县志》卷18《选举下》，光绪十二年刻本，中国国家图书馆藏，第19页b。

（作者单位：龙岩学院闽台客家研究院）

清代南皮张端城墓志考述

徐文英

"南皮张、北头刘、桃园一窝猴（侯）"，指明清时期沧州地区南皮张氏、集北头刘氏、桃园侯氏三大望族，其中"南皮张"就是我们熟知的张之洞世家，为典型的耕读世家、科举世家、文化世家，他们恪守族规家风，传承祖训，重视读书，科名繁盛，才彦辈出。1988年在沧州南皮北徐庄出土了张端城墓志，全称"皇清诰授通议大夫顺天府丞云南按察使司按察使研溪张先生墓志铭"，盖佚。墓志为青石质地，呈正方形，边长67厘米，厚12厘米。志文楷书40行，满行40字，共计1438字，现藏于南皮县文物保管所（图一）。该墓志收录在《沧州出土墓志》中①。根据张权光绪辛卯科乡试朱卷记载，张之洞是张权的父亲，张端城则是张权的族伯叔②，可知张端城属张之洞家族中重要一员，是乾隆癸卯、甲辰联捷进士。本文主要就志文（见附录）所涉及的相关问题略作考述，以飨读者并就教于方家。

一、张端城生平仕历

张端城墓志详细记述了其人生平履历。

张端城，字研溪，号梅坪。生于乾隆二十一年（1756），卒于道光十一年（1831），享年76岁。原配李氏，为沧州乾隆己卯庚辰联捷进士广东按察使李廷扬之女，乙未进士江苏松太兵备道李廷敬、贡生河南许州知州李廷让侄女③，年24岁卒，无子，诰赠淑人。继配王氏，交河县国子监生王毓松之女，庠生王景洵、王景淳之胞姊④，性格柔和善美，温恭淑慎，

仁孝慈良，综理家政，秩然有法，比张端城早一年去世，享年71岁，诰封淑人。

张端城生性聪颖，读书过目成诵，十九岁补县学生，乾隆癸卯甲辰联捷进士，官历吏部文选司主事、员外郎郎中、记名御史、山西宁武府知府、陕西督粮道、云南按察使司按察使、顺天府府丞、户部湖广司郎中、户部江南司郎中，这与张端城孙张修育道光己丑科会试朱卷⑤和清代官员履历档案中有关张端城为官履历⑥记载基本吻合。除此之外，在张修育道光己丑科会试朱卷中还记载张端城担任过提督顺天学政、稽察左翼觉罗学。但是对于乾隆五十九年张端城担任的职官，张端城墓志和其孙张修育会试朱卷履历中的记载与清代官员履历档案中的记载貌似存在一些出入，前者记载张端城授山西宁武府知府，后者记载张端城二月内用山西平阳府知府，经过进一步查询资料发现其实并不矛盾。《清代缙绅录集成》中记载"宁武府知府"："张端城，研溪，直隶南皮人，五十九年三月升"，可见张端城在乾隆五十九年二月内用山西平阳府知府，三月授山西宁武府知府⑦。

张端城为官期间，严于律己，勤于政务。尤其在教育方面，成绩斐然，令人称道。宁武府地处雁门关外，僻远荒凉，百余年很少有科举及第者。张端城任知府后，大力兴学，延聘名儒大家，有时甚至亲自批课，士人极为感奋，从此不断有人科举中试，步入仕途。他任顺天府府丞时，按惯例，八旗及二十四属文武童生府试，皆归府丞署理。张端城主持重修金台

图一　张端城墓志拓片（沧州市文物局编：《沧州出土墓志》）

书院，大力增加投入，校阅秉公，广为称道。金台书院在大兴县东崇文门外，本义学旧址，康熙四十一年（1702），赐额"广育群才"，乾隆十五年（1750）改为金台书院，府丞梅谷成作碑记[8]。清道光二十二年（1842）重修。光绪五年（1879）府尹周家楣再次进行了大规模修缮，建有朱子堂、讲堂、大堂、垂花门、官厅、大门、东西文场、东西厢房、厨房、中厕、马棚等。金台书院是北京历史上二十多座书院中唯一保存下来的书院，是古代书院建筑的典型体现，于1984年被公布为北京市重点文物保护单位。张端城任顺天府府丞时对金台书院大力增加投入进行重修，以及校阅秉公、广为称道的故事在金台书院历史上至今未提及，这可以作为金台书院历史的一个重要补充，为其增添更多的历史人文情怀。

张端城重孝悌讲情义，乐善好施，族中威望甚高。七岁就像成人般为其父亲守丧，悉心侍奉祖母刘太淑人、母亲霍太淑人，揣其意，欢其心，日夜陪伴，不轻易赴文酒之会。张端城在为叔父张发长撰写墓志时写道："端城不幸幼孤，依叔父以长，饮食教诲，十余年如一日。忆公之归老于乡也，端城以丁内艰家居，侍色笑者数年。"⑨弟弟张瑞城很小时就患有疾病，张端城悉心照看。张瑞城去世时，其子张志廉刚七岁，张端城视若己出，抚养成人并培育成才。后张志廉嘉庆辛酉拔贡，中甲子、乙丑联捷进士，选庶常，改官刑部，洊擢御史，出守云南，都是张端城教养之功。张端城在外任职多年，清廉为官，家中并无太多资财，然好行善事。同祖兄弟张好城，家贫无子，张端城出资购田，为之立后。亲族中无力营葬嫁娶者，张端城多有资助。

墓志记载张端城晚年"喜阅史鉴，兼观医书，究养生术，绝不问家人生产事。每兀坐小斋，斋前嘉树环生，名花满眼，诸孙曾诵读之声来于窗牖间，听之为之色喜"。"教子弟以居心立行为先，读书择名师，诸经成诵后，不遽令攻制艺，先授古文以厚其根柢，以故子侄孙辈皆先后登甲乙榜，极一门簪缨之盛，时以为荣"。此墓志撰写于张端城卒后三年，即道光十四年（1834），从张端城子嗣后来科举朱卷记载看，果然此言不虚，张氏一门才人辈出，应该与张端城对读书的厚爱和奖掖后人读书的教育理念不无关系。

张端城生性聪颖，品德高尚，勤政爱民，重视教育，所以志文作者感慨万千，对其做了高度的评价："观台巍巍，寒水弥弥，笃生哲人，七叶金紫。陈臬滇乡，京兆桑梓，霖雨苍生，神功顿已。解组归田，贻孙翼子，科甲联绵，凤麟蔚起。骑尾归天，山河长此。"

二、张端城家世传承

墓志中记载张端城出自直隶南皮望族，代有令德。张端城曾祖父张份，为县学生、乡饮介宾、诰赠资政大夫、河南河北兵备道，在生命垂危时还不忘劝勉子孙以恭慎节俭读书精进为务，曰："吾家科名久未发，然积善余庆天道可征，诸

孙中必有取甲第以绳祖武者，惜吾不及见耳。"去世未超过一年，其子孙相继鹊起，以掇巍科，而应显仕者且不胜指屈⑩。曾祖母黄氏，为同邑庠生黄河澄之女，诰赠夫人。祖父张芸，为县学生、诰赠奉政大夫、吏部验封司员外郎、晋赠通议大夫、云南按察使司按察使。祖母刘氏，沧州己亥科进士翰林院编修刘雯旷之孙女，廪膳生刘骅良之女，诰赠宜人，晋赠淑人⑪。父亲张庆长，雍正乙卯科举人，乾隆辛未科进士，历官广东定安、高要、南海县知县，吏部验封司员外郎，诰赠通议大夫，云南按察使司按察使，著有《重订唐宋十大家文初、二集》六卷、《镜亭河间海外存稿》《黎岐记闻》一卷、《忠顺堂存稿》⑫。母亲霍氏，为东光县贡生原任新城县训导霍之征孙女、太学生霍世璋之女，诰赠淑人。

张端城出生在名门望族和书香世家，家庭读书氛围浓厚。他身处其间，耳濡目染，也热爱读书，考中乾隆癸卯甲辰联捷进士。他还积极奖掖后人读书，如其墓志中所述："教子弟以居心立行为先，读书择名师，诸经成诵后，不遽令攻制艺，先授古文以厚其根柢，以故子侄孙辈皆先后登甲乙榜，极一门簪缨之盛。"长子张志咏，嘉庆丁卯科举人。官历内阁中书，文渊阁检阅，方略馆校对，广西南宁府同知，桂林、平乐、南宁、泗城、镇安、庆远等府知府，湖南衡永郴桂兵备道等职⑬。次子张志冲，嘉庆戊寅科举人，詹事府主簿，四川重庆府通判。孙子张修育、张宣育、张桐育、张春育等，他们的个人资料在张权的光绪辛卯科乡试朱卷履历⑭中有部分记载。张修育，道光壬午科举人，己丑科进士，户部郎中，掌江西道监察御史，户科刑科吏科给事中，光禄寺少卿。张宣育，贡生。张桐育，道光乙酉科副榜，丙戌科考取教习，戊子科挑取誊录，镶蓝旗官学教习。张春育，道光甲午科举人，丙申恩科进士，刑部郎中，总办秋审处，律例馆提调，广东惠潮嘉兵备道。

墓志中反映张端城家人丁兴旺，儿子有张志咏、张志冲，孙子有张修育、张宣育、张桐育、张春育、张熙育、张昭育，曾孙有张曾祥、张曾绶、张曾绂、张曾科、张曾祐、张曾辂、张曾禧等。根据张修育的道光己丑科会试朱卷⑮记载其父志咏，胞叔志冲，胞弟桐育、春育，嫡堂弟宣育、熙育，子曾祥、曾绶，可知张修育、张桐育、张春育是张志咏的儿子，张宣育、张熙育是张志冲的儿子，张曾祥、张曾绶是张修育的儿子。另外《南皮县志》中记载"张曾辂，咸丰辛亥恩科举人，张春育之子"⑯。但是张端城家其他后人张昭育、张曾绂、张曾科、张曾祐、张曾禧等之间的关系，目前限于资料有限，暂不能作明确判断，还有待于进一步研究。张端城家族世系关系大致如下：曾祖父张份→祖父张芸→父亲张庆长→张端城→儿子张志宁、张志冲→孙子张修育、张宣育、张桐育、张春育、张熙育、张昭育→曾孙张曾辂、张曾绶、张曾绂、张曾科、张曾祥、张曾祐、张曾禧。

三、墓志撰文、书丹、篆盖者

张端城墓志撰文者蒋祥墀（1762—1840），字盈阶，一字长白，号丹林，湖北天门人。乾隆五十五年（1790）中进士，授编修。嘉庆十年（1805）任会试同考。后历任国子监司业司经局洗马、右春坊右庶子、詹事府少詹、通政司通政使、都察院右副都御史、光禄寺卿等职。晚年辞官后，主讲于金台书院。工诗文，善书法⑰。

书丹者陈官俊（1781—1849），字伟堂，山东潍县人。嘉庆十三年（1808）中进士，选庶吉士，授编修，迁赞善。二十一年（1816），入直上书房。道光十九年（1839），擢工部尚书。二十四年（1844），官至吏部尚书协办大学士。二十九年（1849），卒，优诏赐恤，赠太子太保，入祀贤良祠，谥文悫⑱。

张端城墓志盖虽然佚失，但志文中

记载"赐同进士出身诰授资政大夫总督仓场户部右侍郎前兵部左侍郎都察院御史世愚侄朱为弼顿首拜篆盖"，可知篆盖者为朱为弼。朱为弼（1770—1840）字右甫，号椒堂，又号颐斋，浙江平湖人。通经学，精擘金石之学，尤嗜钟鼎文（1797）。清嘉庆二年，参与修辑《经籍纂诂》，并为阮元所撰《积古斋钟鼎彝器款识》稿审释、作序、编定成书。嘉庆十年中进士，授兵部主事，迁员外郎。后任河南道监察御史、礼科给事中、顺天府府丞、通政司副使、太常寺卿、宗人府府丞、都察院左副都御史。嘉庆十三年，擢兵部右侍郎，权仓场侍郎，寻实授总督仓场侍郎。十四年（1809），出为漕运总督，督理漕务。二十年（1815）卒，入祀乡贤祠。著有《椒声馆诗文集》《续纂积古斋彝器款识》《吉金文释》《钮经堂集》《古印证》等⑲。

张端城墓志中记载了张端城的生平仕历，包括其品德素养、求学历程、职官履历、兴趣爱好等，尤其是重视教育之举，为张端城人物研究提供了珍贵的素材。墓志中记载了张端城家世传承，为南皮张氏家族研究提供了可靠的资料。撰文者蒋祥墀、书丹者陈官俊，皆是清代名儒、书法家，因此志文具有极高的历史与书法艺术价值。张端城任顺天府府丞时对金台书院大力增加投入进行重修，以及校阅秉公、广为称道的故事在金台书院历史上至今未提及，这可以作为金台书院历史的一个重要补充。

附录

皇清诰授通议大夫顺天府府丞云南按察使司按察使研溪张先生墓志铭

赐进士出身诰授通奉大夫前都察院左副都御史年愚弟蒋祥墀顿首拜撰文

赐进士出身诰授中宪大夫前翰林院侍讲学士尚书房行走国子监祭酒姻愚姪陈官俊顿首拜书丹

赐同进士出身诰授资政大夫总督仓场

戶部右侍郎前兵部左侍郎都察院左副都御史世愚姪朱為弼頓首拜篆蓋

先生與余為癸卯鄉試同年，晚年過從益密，故得識行誼甚詳。今歸道山已三年矣，其子志詠等將奉先生靈輀歸南皮，與兩淑人合葬於城北許村之先塋，癸山丁向，而屬余誌諸墓，不敢以不文辭。謹按狀：先生諱端城，字研溪，號梅坪，直隸南皮望族，代有令德。曾祖諱份，縣學生，鄉飲介賓，誥贈資政大夫；曾祖妣黃氏，贈夫人。祖諱芸，縣學生；祖妣劉氏。考諱慶長，乾隆辛未科進士，歷官廣東定安、高要、南海縣知縣，吏部驗封司員外郎；妣霍氏，俱以先生官誥贈通議大夫淑人。先生生而敏悟，讀書過目成誦，年十九補縣學生，癸卯舉於鄉，甲辰聯捷進士，授吏部文選司主事，銓政精審，阿文成公甚倚重之。尋補考功司主事，升員外郎，記名御史。甲寅，以郎中保舉知府，授山西寧武府知府。高宗純皇帝召對，垂詢甚詳。在任潔己率屬，多所興除，案無留牘，尤以學校為先務。郡屬在雁門關外，人文樸陋，百餘年鮮登第者。先生聘名儒主講書院，復親為批課，士皆感奮，由是登科第者相繼。丙辰調署太原府，旋署雁平兵備道。丁巳，奉廷寄垂問撫臣，有“看其才具，似可造就”之旨，蓋前請訓時，早邀簡在矣。旋升陝西督糧道，值軍興，辦理剿捕，悉合機宜。己未，仁宗睿皇帝親政，簡放雲南按察使。時霍太淑人年八十有三，先生以艱於迎養，請改京職。疊蒙召見，凡再請，得允，准授順天府府丞。府丞缺，直隸本籍例不開列，謝恩時奏陳，諭令不必迴避，洵曠典也。向例，八旗及二十四屬文武童生府試，皆歸府丞，先生校閱秉公。重修金臺書院，加肄業膏火，時論稱之。辛酉，以查勘水災不稱旨，降補戶部湖廣司郎中。甲子，以霍太淑人八十有八，呈請養親。乙丑，丁母憂。戊辰，服闋，仍家居，五年不赴銓。癸酉，奉特旨派往豫省河工，籌挑濬稽料垜，往來河畔，昕夕不

遑，合龍時，命特予先補。旋授戶部江南司郎中，將屆截取，先生以年近六旬，夙有痰疾，呈請開缺，自是有不復出山之志矣。先生性孝友，七歲丁壽山公憂，居喪如成人。事祖母劉太淑人、母霍太淑人，先意承志，能得歡心。請養後，晨昏相依，不輕赴文酒之會。弟瑞城，少患弱疾，晝夜守視不倦，典衣備參餌，卒不起。遺孤志廉，年甫七歲，撫育如所生，辛酉選拔，甲子、乙丑聯捷進士，選庶常，改官刑部，洊擢御史，出守雲南，皆先生教養之力。教子弟以居心立行為先，讀書擇名師，諸經成誦後，不遽令攻制藝，先授古文以厚其根柢，以故子姪孫輩皆先後登甲乙榜，極一門簪纓之盛，時以為榮。先生外任有年，家無多貲，而好行善事。同祖兄好城，家貧無子，出貲購田，為之立後。親族中無力營葬嫁娶者，悉賴依助焉。喜閱史鑑，兼觀醫書，究養生術，絕不問家人生產事。每兀坐小齋，齋前嘉樹環生，名花滿眼，諸孫曾誦讀之聲來於窗牗間，聽之為之色喜。又時與二三同人酌酒劇談，或偕遊菴剎，陶情適性。老而彌健，卒之前數日，猶步履如常，曾不知老之將至也。先生生於乾隆二十一年二月二十五日丑時，卒於道光十一年正月十九日辰時，享年七十有六。配李淑人，滄州乾隆庚辰進士廣東按察使廷揚女，以壬寅九月卒，年二十有四，無子。繼配王淑人，交河縣國子監生毓松女，性柔嘉，事姑嬙以孝，處娣姒以和，撫子姪以慈，綜理家政，秩然有法，前先生一歲卒，年七十有一。子二，長志詠，嘉慶丁卯科舉人，廣西泗城府知府。次志沖，嘉慶戊寅科舉人，四川重慶府通判。孫六，長修育，道光己丑科進士，戶部山東司額外主事。次宣育，廩膳生。次桐育，道光乙酉科副榜貢生，鑲藍旗官學教習。次春育，縣學生。次熙育、昭育。孫女四，長適江西道光壬午科進士刑部主事萬啟心，餘未字。曾孫七，曾祥、曾綏、曾綏、曾科、曾祐、曾輅、曾禧。曾孫女

三。銘曰：觀臺巍巍，寒水瀰瀰，篤生哲人，七葉金紫。陳臬滇鄉，京兆桑梓，霖雨蒼生，神功頓已。解組歸田，貽孫翼子，科甲聯綿，鳳麟蔚起。騎尾歸天，山河長此，有道此碑，安仁此誄。

①沧州市文物局编：《沧州出土墓志》，科学出版社，2007年，第235页。

②顾廷龙主编：《清代朱卷集成》（第123册），中国台北成文出版社，1992年，第355页。

③⑤顾廷龙主编：《清代朱卷集成》（第8册），中国台北成文出版社，1992年，第156页。

④顾廷龙主编：《清代朱卷集成》（第8册），中国台北成文出版社，1992年，第157页。

⑥秦国经主编：《中国第一历史档案馆藏清代官员履历档案全编》（第2册），华东师范大学出版社，1997年，第521页。

⑦清华大学图书馆、科技史暨古文献研究所：《清代缙绅录集成》卷四《缙绅全书（嘉庆元年春）》，大象出版社，2008年，第142页。

⑧《嘉庆重修一统志》卷五《顺天府一》，《中国古代地理总志丛刊》，中华书局，1986年，第285页。

⑨沧州市文物局编：《沧州出土墓志》，科学出版社，2007年，第226页。

⑩《南皮县志》（第四册），中国台北成文出版社，1968年，第1601—1602页。

⑪《南皮县志》（第四册），中国台北成文出版社，1968年，第1609—1610页。

⑫《南皮县志》（第三册），中国台北成文出版社，1968年，第1532页。

⑬顾廷龙主编：《清代朱卷集成》（第8册），中国台北成文出版社，1992年，第157页。顾廷龙主编：《清代朱卷集成》（第123册），中国台北成文出版社，1992年，第358页。

⑭顾廷龙主编：《清代朱卷集成》（第123册），中国台北成文出版社，1992年，第360页。

⑮顾廷龙主编：《清代朱卷集成》（第8册），中国台北成文出版社，1992年，第161页。

⑯《南皮县志》（第二册），中国台北成文出版社，1968年，第793页。

⑰北京图书馆编：《北京图书馆藏珍本年谱丛刊》（第126册），北京图书馆出版社，1999年，第439—548页。

⑱《清史稿》（第38册），中华书局，1977年，第11438—11439页。

⑲《清史稿》（第38册），中华书局，1977年，第11575—11576页。

（作者单位：河北省文物考古研究院）

北京故宫藏清代银里花梨木雕花食盒赏析

白 兰

食盒，是旧时大量使用的盛放食物的用具，有木、竹、珐琅、漆等材质，其中又以木质的居多。尤其是紫檀、黄花梨、鸂鶒木、酸枝等纹理细密、色泽光润的硬木，坚固而有韧性，制成的食盒耐磕碰，又具有一定的重量，在挑、提的时候不易晃荡。便于携带行走。做工精巧的硬木食盒，不仅可以做到滴水不漏，且能在外观上充分利用木料固有的纹理色泽，给人一种典雅庄重之感，既美观又实用。

北京故宫博物院收藏有一件清代银里花梨木雕花食盒（故00141664—1/29），通高92厘米、长44厘米、宽38厘米，通体作八棱形，镂空花纹，内设五层木屉（图一）。由上自下分别为：第一层中心为银酒壶，周边固定着形如花瓣的八个银格；第二、三层有形状各异的小银盘，分别为葫芦形、梅花形、花叶形、四方委角形、圆形；第四层为八方花边形高沿大银盘；第五层有三个附有抽拉盖的木盒，其中左右两侧为花边形的变异长方盒，每盒内

各有凹槽，以固定置放三只带柄外包匏器的银酒杯，两盒之间的空余部位放一个长方形盒，内有十双乌木箸。五层木屉最上方设有花边圆形盒盖，扣合后有效保证了盒内食物洁净新鲜。食盒上方设木提梁，提梁为上下两道，中心设龙首式铜圆环，紧临提梁的下方附粘牙。使用时一根长横

图一 北京故宫藏清代银里花梨木雕花食盒

杆穿入铜圆环内，前后两人即可抬运。

从该食盒的用料、造型、纹饰、做工推断，应为乾隆时期宫廷造办处所制。在清宫众多同类用物中，这件花梨木食盒称得上是一件精品。

一、选料上乘、色彩雅丽

食盒内总计20余件食具，主要选材为银、花梨木、乌木，辅之以匏器。花梨木为名贵木材之一，其木质坚实且无异味，具有纹理细腻，花纹自然，线条流畅，古香古色，富有光泽等诸多特点，所以深受清帝的喜爱。

食盒内形状各异的大小盘子均为银制，银餐具是清宫中常见器皿，诸如银碟、银碗、银箸、银勺、银火锅等。银本身为贵重金属，同时自身有着他器不可替代的天然药性，明李时珍《本草纲目》中提及银屑与一些药材组合成复方，可"镇神、定狂热"，银箔"坚骨镇心、明目去风热"，若同朱砂等药服用可治"心脏风热、惊悸善忘""化痰安神"。银器比之陶、瓷、玉等器皿有着不易损坏的优势，非常适合外出远途中反复抬运的需要。

乌木，古人赞赏其木质坚硬又耐磨损，不易变形掉色、持在手中有厚重感，使用时得心应手，乌木也可药用，有清热祛火等功效。食盒内十双乌木箸，箸身细长，打磨光滑，其上方下圆的造型极易于夹食，乌木箸集美观、实用方便与有益健康于一体，所以受到帝后的青睐。

匏器俗称葫芦器，因以葫芦为原料而故名，在民间历来受宠于文人雅士、古玩大家。食盒内六只小酒杯，是典型取材匏制品加工成实用具，娇小的酒杯以银为心，用匏器沿酒杯外壁包裹，两种材质组合后宛如天然一体，令人爱不释手。

整套食挑盒中选用黄色花梨木、白色银、黑色乌木、铜镀金饰件及浅黄色匏器原料，其色彩可分界成冷、暖色，两者搭配下呈现出素雅中不失奢华的艺术效果。

二、工艺精湛、构思巧妙

银器中形状各异的银盘、银酒壶经过原料的熔化、入模、捶打、錾刻、镶嵌等多道手续而完成，各银器力求纯度高，每一器边缘打磨光滑，线条流畅，花形美观，尤其是花瓣形的银酒壶，錾刻的诗文与花卉纹略着色彩，清晰灵动，银酒杯外包匏器的工艺难度较大，贴附中最忌裂纹，由于工匠技巧娴熟，使之外包的匏器平整、严丝合缝，历经二百余年不开不裂，杯柄造型美观令人赞叹。

花梨木外盒通体镂雕"卍"字纹、回纹，花纹设计在对称中讲究错落有致又繁而不乱，纹饰的每一细部顺滑，丝毫不留雕琢的痕迹。花梨木圆盖中心雕蟠螭纹，鬼斧神工般的雕刻纹样清晰，龙双目炯炯有神，龙身旋转自如，构图疏密有致，细细观赏给人以无尽的艺术享受。食盒内的木屉均呈花边形，工艺处理得当，跌宕起伏自然流畅的盘边如天然形成，毫无人工衔接的突兀感。每层木屉以曲线分隔成数个格子，其内为承接器皿而挖镂空槽，放入相应的餐具时恰到好处。

花瓣形银酒壶，器身高，为保证全部卧于木屉中心，下屉中心留有空槽，细长酒壶下身放入空槽内的同时，粗大的壶上身也就顺利地入花瓣形的空槽内了，但由于盒内尺寸设计得极为精准，实际操作中看似上下槽已对准，但酒壶很少能一次就卧于槽内的，往往需要上下屉反复校正准确无误，酒壶方能顺利入内。食挑盒的两处细节处理最有看点：一是提梁与粘牙通体外包铜镀金饰件，尤其底部两端铜镀金饰件一直延伸到木盒底部折沿部位，将提梁、粘牙牢牢锁定，有效增强了食盒的承重力；二是竖向提梁左右紧临镂空盒的顶盖部位，各留有小方孔，将一根金属横杆穿入锁定盒盖，这一小小的机关，巧妙解决了食盒往返途中饱受颠簸干扰的大问题。

三、器型与纹饰吉祥

食盒的外盒通体镂空"卍"字纹，这是清宫中常用的装饰纹样。"卍"字纹在构图中以曲直的线条、旋转对称的形式，或顺时针或逆时针，始终给人以庄重之中不失活泼，动感十足美的享受。食盒中的"卍"字纹连续不断，故有"万字不到头"之说。我国古代都认为"卍"字纹与太阳有着渊源，同时与道教、佛教也有密切的联系，这就赐予了"卍"字纹"万事兴旺""福寿绵长"等美好的吉祥寓意。食盒在"卍"字上下辅助回纹，又将上述的美好意愿升华为循环往复，无穷无尽。

提梁中部嵌入铜圆环两侧的龙首，以圆雕的手法表现，精致美观，此处龙首是皇权的象征，表达其是皇帝独享的用物，又兼吉祥、祈福的含义。食盒花梨木圆盖上雕刻的蟠螭纹，也是龙纹中一种，象征着美好吉祥。银盘打造成葫芦形，因成熟的葫芦内籽粒繁多，象征"子嗣兴旺"，又因"葫芦"与"福禄"谐音，故有"福禄"之意。

银盘做成梅花形，梅花为"岁寒三友"之一，开百花之先，独天下而春，因此梅花又常被民间作为传春报喜的吉祥象征，同时"梅"与"美"谐音，古人赋予它美好之意，引申为把美好带入人间。银盘中的圆形寓意圆圆满满，银盘中的方形象征诸事物四平八稳，若将银圆盘与银方盘两者组合使用，又会自然联想到"天圆地方"，瞬间感到人与自然融为一体，在进食中得到高层次的精神境界的美好享受。银盘造型为蕉叶形，这也是传统纹样，因芭蕉冻死又复生，展示了生命力的旺盛，同时也有着美好的寓意，如芭蕉的大叶与大业谐音，故象征着"大业"；芭蕉果实长在同一根圆茎上，一挂挂的紧连，因此又象征着"吉祥同心"。

食盒内的箸又称之为筷子，寓意"快得贵子"。在清宫，筷子还是新婚庆典的吉祥物，在皇帝大婚庆典的合卺宴中，会放两只金镶玉筷子，顶部用红绒绳连系，使用时帝后同时举起，共食子孙饽饽长寿面，以此表达对帝后婚姻的美好祝愿。

整套食盒的纹样与造型就是在规矩与活灵活现相交融中，表现出丰富的美意与吉祥，全面展示了美食配美器的原则。这不仅是中国传统饮食文化对于饮食器具外在形式的表达，也暗示了当时人们的审美情趣。这种审美意识通过食盒的雕刻、色彩及使用方式等多种形式表现出来，不仅形成了鲜明的时代特色，也对现如今的饮食文化有很强的借鉴意义。

(作者单位：北京市文物交流中心)

绽而未放的水晶之花

——延禧宫西洋建筑灵沼轩装饰艺术特征

江寿国　　李晓梅

一、灵沼轩概况

灵沼轩位于紫禁城东二长街东侧最南端的东六宫之一的延禧宫中，明清两朝均为皇帝嫔妃住所。因延禧宫在历史上屡遭火灾，根据当时的一些迷信说法，隆裕皇太后决定在此建造这座类似水族馆的建筑，运用其达到镇火的作用。十九世纪的德国和英国都已建设过水族馆（图一），根据故宫博物馆与德国考古研究院的合作研究中发现，灵沼轩的设计很有可能是参考柏林第一座水族馆的设计。灵沼轩的建筑材料来自于世界各个国家，为钢结构西洋风格建筑，在烧毁的原址上建造三层，地下一层，地上两层。四周为水池，原计划引用玉泉水环绕，设玻璃窗，可临水观鱼，是我国最早的水族馆形式。地上两层在中间与四周各置有一铁制亭子，四周有廊，使亭子相连。（图二）灵沼轩地上两层以及建筑内部皆采用当时先进的钢结构建筑技术[①]。灵沼轩的名字来源于《诗经》"王在灵沼，於牣鱼跃"，在当时的

时代情势之下，用"灵沼"来命名也显示当时皇家对恢复荣耀的期盼。但后来民国成立，溥仪退位，清朝宣告灭亡，这座建筑也就从此停建，成为了紫禁城中的烂尾楼[②]。

图一　菩提树下水族馆（图片自绘）

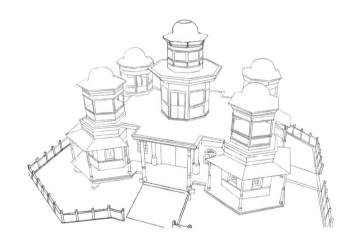

图二　灵沼轩全景（图片自绘）

二、装饰艺术

灵沼轩整体建筑装饰富有西洋装饰与中国传统装饰文化的特征与色彩，这一点在整体建筑与细部装饰上都有深刻体现。西方的装饰纹样里的典型"莨苕纹""西番莲"在灵沼轩的柱身以及屋顶门窗运用广泛，鹦鹉、白鸟等西方鸟类装饰在灵沼轩的屋顶运用，使得灵沼轩的西洋色彩更为浓厚（图三）。中国传统装饰纹样的瑞兽纹样，要数龙纹与狻猊的使用最为广泛，其他的纹样，如蝙蝠、凤凰、鹿、仙鹤等也都在灵沼轩中可见。折枝花鸟纹、瓶花纹以及竹纹等植物纹样围绕灵沼轩整体装饰，梅兰竹菊以及葡萄、石榴等吉祥纹样也雕刻于灵沼轩中（图四）。除了典型的纹样，还有一些几何以及神话传说题材的纹样也有所运用。

（一）动物纹样

灵沼轩中的动物纹大多是与其他纹样进行组合装饰，多运用的是传统文化中的瑞兽以及具有吉祥寓意的动物（表一），

图三 灵沼轩屋顶部分装饰（图片自摄）

图四 屋身部分装饰（图片自摄）

主要图案为狻猊、仙鹤、龙等，也有一些松鼠、犬、鹿等在其间点缀，共同构成吉祥纹样③。

1. 水兽狻猊

在灵沼轩的底座有一喷水神兽，神兽与水有关，形状似狮，龙生九子当中狻猊相貌如狮子，常被用于建筑或者香炉等的底座，由此推测灵沼轩喷水神兽为狻猊。

2. 龙纹

清代的龙纹气宇轩昂，龙首后勺丰满、整体健硕饱满。灵沼轩中间的空间有四根盘旋而上的龙柱。在前后各门的两边皆用二龙戏珠纹饰进行装饰，未来得及刻字的牌匾上则各有六条龙进行对称装饰。侧门的三角山花④中的填充雕刻也运用了二龙戏珠图案⑤。

3. 狮子

"狮"与"事"为谐音，在当时的人们看来狮子是具有"驱邪镇妖之功，消灾除害之力"的存在。在灵沼轩当中的双

狮图案，取其事事如意的吉祥寓意，大小狮组合的图案寓意则为仕途顺利、位高权重之意。在灵沼轩当中门窗周围运用较为广泛。狮子滚绣球图案装饰在后方的拱门两侧，绣球在民间被视为吉祥喜庆之物，"狮子滚绣球，好事在后头"，在图案中还有绶带在狮子周围环绕，寓意着好事连绵不绝，因此狮子滚绣球画面欢快活泼，成为喜乐和生命力的象征。

4. 鸟类

凤凰在灵沼轩中的运用较少，主要的装饰在窗券上的墙面。凤凰衔缠着绶带如意，每个图案本身都具有独特的祥瑞寓意，组合图案为有凤来仪，意味祥瑞来到，事事如意。鹦鹉在古代中有象征爱情的美好寓意，在唐代更是作为祥瑞图案，西方装饰当中也经常运用。灵沼轩的屋顶装饰运用鹦鹉与蕃草纹进行组合，富有西方装饰韵味。灵沼轩当中运用了白鸟的装饰元素。灵沼轩屋顶巧妙地设计了排水系统，在屋顶积蓄的雨水会从鸟喙当中喷出，由此形成层层跌落的喷泉。此外，在灵沼轩中还有麒麟、松鼠、仙鹤、喜鹊等动物纹样与其他纹样相结合共同组合为祥瑞纹样。仙鹤在灵沼轩的装饰当中并未独自作为图案使用，但使用的位置十分频繁，在建筑的墙面小图案中都有运用。仙鹤自古就是长寿的象征，它常与松树、鹿以及其他动物组合使用。在灵沼轩中仙鹤还与荷花相结合，象征着神圣高雅、超凡脱俗的境界。

5. 蝙蝠

蝙蝠在古代传统文化中是幸福的象征，与"福"同音，民间在住宅上设计蝙蝠纹样为进福的吉祥寓意。在灵沼轩当中的蝙蝠纹样既有倒挂蝙蝠的传统形式，见于灵沼轩内部的窗券上方，也有与桃相结合的纹样在外围的墙上进行装饰。与象征着长寿的寿桃相结合，为福寿安康的吉祥寓意。

6. 麒麟

麒麟在灵沼轩中的运用范围主要在拱门的侧边，麒麟在传统文化中的寓意极为丰富，但在灵沼轩的装饰位置来看，主要为门庭高贵的寓意，又蕴含镇宅辟邪的意义。

7. 螃蟹

螃蟹与芦苇的生活环境相似，生长和栖息于水的深度不是很深的范围，根据生活环境一样的特点，在纹样的设计中将蟹与芦苇联系在了一起。据《明史·选举志》载："会试第一为会元，二甲第一为传胪"，此话中的甲便指的是螃蟹。在二甲传胪的这个吉祥图纹中一般绘制两只蟹为主，而它们的蟹螯分别钳住一芦苇，取其谐音为二甲传胪（芦），含有金榜题名的美好祝愿。

（二）植物纹样

植物纹样有许多中西结合的纹样，如莨苕纹等具有西方装饰意味，在建筑中装饰面积也很大。传统纹样梅兰竹菊、岁寒三友的元素都有运用（表二）。植物纹样的运用十分丰富，窗券的装饰纹样不尽相同[6]。

1. 莨苕纹

灵沼轩内除了中间的龙柱以外整个建筑的梁柱装饰都运用莨苕纹。莨苕本是地中海沿岸的一种植物，叶子优雅美丽，在古希腊的艺术装饰中使用广泛，是当时的卷草装饰的典型代表，也象征着智慧与艺术，象征永存。灵沼轩立柱形式为多立克柱式与中式相结合，多立克柱为古希腊柱式之一，柱身上有凹槽，凹槽为棱角，柱头为简洁的倒立圆锥，与爱奥尼亚式和科林斯式不同。梁柱上都以莨苕纹进行装饰（图五）。在建筑正门处两边设计了爱奥尼亚柱式与中式相结合，柱头有连在一起的漩涡纹，又加入了传统的莲花座以及其他吉祥化草纹样，柱础部分运用动物、花草、花瓶以及香炉等组合在一起，富有吉祥寓意（图六）。

2. 折枝花鸟纹

折枝花鸟纹原先出现于丝绸以及瓷器之上，多作为器具外腹壁的主题纹样，在

表一

序号	装饰部位	装饰题材	装饰形象	象征寓意
1	地下一层底座	狻猊		狻猊相貌如狮子，常被用于建筑或者香炉等的底座。
2	门券上方、窗券上方	狮		大小狮图案为仕途顺利、位高权重之意，"狮子滚绣球，好事在后头"、绶带环绕，寓意着好事连绵不绝。
3	三角山花、柱身、门券	龙		龙在中国传统文化中是权势、高贵、尊荣的象征，又是幸运与成功的标志。
4	窗券两方	鸟类		象征着神圣高雅，超凡脱俗的境界。
				凤凰衔缠着绶带如意，为有凤来仪，意味祥瑞来到，事事如意。
5	建筑内壁、窗券两边	蝙蝠		与"福"同音，与象征着长寿的寿桃相结合，为福寿安康的吉祥寓意。
6	窗券两边	螃蟹		蟹螯分别钳住一芦苇，谐音二甲传胪（芦），含有金榜题名的良好祝愿。

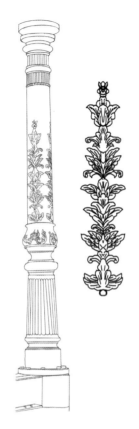

图五 灵沼轩钢柱莨苕纹装饰（图片自绘）

图六 屋身梁柱装饰（图片自绘）

灵沼轩中折枝花鸟纹运用在建筑的门窗之上位置对建筑进行环绕装饰。而这些折枝花多为梅花，枝上的飞鸟则为喜鹊。喜鹊为"喜"的象征，喜鹊立于梅花枝头构成喜上眉梢的吉祥图案。

3. 竹纹

竹子的装饰元素运用于与折枝花鸟纹相对应的窗下部分以及侧门边装饰，在建筑装饰中与石头相结合。竹子自古以来有气节的象征意义，石头为坚定，组合寓意可为坚定高尚的品质的精神寄托，同时竹子也有"竹报平安"的吉祥寓意。

4. 西番莲

西番莲纹是紫禁城的装饰中的主要纹样，是中国传统装饰纹样之一，它是中国的传统纹样与西方的莨苕纹进行融合与创新的产物。以宗教为载体获得皇室的青睐，清代时的西番莲纹是一种官家装饰纹样，在运用当中也开始规范标准。在灵沼轩中运用于两边侧门的装饰。

5. 瓶花纹样

在灵沼轩建筑的前半部分门窗周围都用瓶花进行装饰，一扇窗户的两边以一种瓶花对称装饰。每扇窗户的装饰瓶花种类都不相同，除了主要的牡丹、芍药之外还有荷花、葡萄、兰花、菊花等其他花类，十分丰富。这些花卉在传统文化中都有其独特的吉祥寓意。在古代文化中花瓶多为镇宅的物品，"瓶安"和"平安"谐音，花同瓶为平安富贵之意，灵沼轩的花瓶造型各不相同，富有趣味，并且将花瓶之上的图案也雕出，体现出古人设计的精细[⑦]。

（三）组合纹样

在传统文化中都会将各种元素进行组合，形成独特寓意的纹样，在灵沼轩中的每个位置都会有组合吉祥寓意图案的存在（表三）。

1. 松鹤延年

在窗券的下方槛墙面转角处图案为仙鹤立于松树之下，在仙鹤仰望的视角上有一太阳。仙鹤与松树都是古代寓意长寿的图案，而太阳则是活力、生命的象征，由

表二

序号	装饰部位	装饰题材	装饰形象	象征寓意
1	柱身、屋顶	莨苕纹		卷草装饰的典型代表，也象征着智慧与艺术，象征永存。
2	窗券上方	折枝花鸟纹		枝上的飞鸟则为喜鹊。喜鹊为"喜"的象征，喜鹊立于枝头构成喜上眉梢的吉祥图案。
3	建筑外围、窗券两边、门券边	竹		竹子自古以来有气节的象征意义，石头为坚定，组合寓意可为坚定高尚的品质的精神寄托，同时竹子也有"竹报平安"的吉祥寓意。
4	窗券两边、门券两边	西番莲		中国的传统纹样与西方的莨苕纹进行融合与创新的产物。以宗教为载体获得皇室的青睐。
5	窗券两边	瓶花		"瓶安"和"平安"谐音，花同瓶为平安富贵之意，灵沼轩的花瓶造型各不相同，富有趣味。
6	门券及窗券两边	梅花		凌寒独开，寓意气节不凡。

此此装饰纹样寓意延年益寿。

2. 富贵耄耋

在拱门的下方装饰图案为牡丹、猫与蝴蝶相结合。牡丹盛放，猫与蝴蝶嬉戏。"猫"与"耄""蝶"与"耋"都是相通字，这个图案的寓意就为富贵如意，健康长寿。

3. 代代长寿

在一些窗洞的两边有一图案为蔓延的花卉与一长尾鸟进行组合，此鸟的体态特征为雄性鸟的尾部中间有两条长羽毛，形如绶带，由此得知为绶带鸟，"绶"与"寿"谐音，并且其下的花为代代花，因此图案寓意江山万代，代代长寿。

4. 鹤鹿同春

在灵沼轩中主要装饰于亭子拐角及门框上部墙面。仙鹤、瑞鹿和一松树和谐组合，整体画面和谐，生动活泼。鹿通"六"，鹤通"合"，"六合"为东南西北与天地，因此这种组合又被称为"六合同春"，寓意万物滋润，春满乾坤，国泰民安。

5. 八吉祥

八吉祥图案是中国与印度文化相结合的代表图案。在灵沼轩中在后拱门的门柱柱础以及两边的窗券旁进行装饰，八吉祥图分别为：宝伞、金鱼、宝瓶、莲花、白螺、吉祥结、胜利幢、金轮。这八种图案每个都具有着深厚的寓意，它们可以单独作为纹样装饰，也可以组合进行装饰。

6. 鹤舞莲花

图案在灵沼轩中主要位于一些窗券两边的装饰以及拱门的下方，莲花与仙鹤的姿态各异，在其中的一些图案中还加入竹元素，使寓意更加深刻。莲花自古为出淤泥而不染的象征，象征着高贵的气节。仙鹤与仙道和品格有关，图案寓意着神圣高雅，超凡脱俗。

（四）其他纹样

在灵沼轩的装饰纹样中还具有一些独特的装饰纹样。瓷砖为花砖结合装饰，在建筑的内部均有运用。在门券的上方瓷砖为水滴形连续形式。建筑地下一楼的柱身有几何装饰，这种几何形为中西结合的形式，给建筑的柱身装饰增加了独特的韵味。传统装饰纹样中的仙人元素也有所运用，在建筑的内部，雕刻十分精细。

三、灵沼轩与圆明园西洋楼建筑装饰纹样对比

1. 圆明园西洋楼概况

清朝从康熙皇帝开始不断增进对西方文化的了解，到了乾隆时期在圆明园中建造了由来自意大利的宫廷画师郎世宁所设计的西洋楼。在西洋楼建造的同时期，欧洲的建筑装饰艺术刚经历巴洛克风格时期，并且正在经历洛可可时期，华丽繁复，造型流曲涡转的装饰风格从国外传播到中国，对西洋楼的建筑装饰风格产生巨大影响。圆明园西洋楼的建造目的是满足当时皇帝对于西洋建筑和景观文化的好奇心理，因此建造装饰与功能与其仿造设计的欧洲当时建筑完全不同。同时由于东西方文化的差异较大，虽然从西方获得许多建造资料，但是在实践当中却存在着分解和选取片段的情况。设计师郎世宁虽然来自西方，但本身是位画师，建筑知识有限，在建筑的过程当中更加偏向于建筑的装饰效果和画面感受。皇帝作为西洋楼设计的最终决定者，当时的审美趣味也对西洋楼的建设产生决定性影响[⑧]。

2. 灵沼轩与西洋楼装饰艺术对比

在对西洋楼遗存的建筑残件研究中发现，西洋楼由于受到当时欧洲巴洛克和洛可可风格的影响，两个装饰风格中最流行的莨苕纹饰与贝壳纹饰在西洋楼的装饰中形成了主要装饰纹饰，灵沼轩的柱体上的曲线与涡卷造型也有所运用（图七）。西洋楼中的流线与涡卷雕刻精美华丽，层层相叠，并且装饰的面积比较广泛，根据它的建筑功能与大水法相呼应，贝壳在其上进行装饰，以此来进行衬托，重叠装饰也是强调涡卷造型的一种独特装饰手法。

表三

序号	装饰部位	装饰题材	装饰形象	象征寓意
1	窗券下方	松鹤延年		仙鹤与松树寓意长寿，而太阳是活力、生命的象征，寓意延年益寿。
2	窗券下方	富贵耄耋		"猫"与"耄"、"蝶"与"耋"是相通字，寓意为富贵如意，健康长寿。
3	窗券两边	代代长寿		绶"与"寿"谐音，并且其下的花为代代花，因此图案寓意江山万代，代代长寿。
4	窗券下方、门券转角	鹤鹿同春		鹿通"六"，鹤通"合"，"六合"为东南西北与天地，称为"六合同春"，寓意万物滋润，春满乾坤，国泰民安。
5	窗券两边	八吉祥		八吉祥图分别为：宝伞、金鱼、宝瓶、莲花、白螺、吉祥结、胜利幢、金轮。

而在灵沼轩的柱体上，流线与涡卷的造型相对简洁，主要出现在贴近屋身的柱体之上，在每个柱体上也并未繁复使用。柱体整体形态与欧洲柱体相似，柱体上半部分靠近屋顶的地方，运用涡卷与流线装饰，其下则加入了中国传统祥云等装饰元素。柱体下半部分是莲花座，其下与屋身周围的竹装饰相呼应做了"石中之竹"的装饰

图七 圆明园西洋楼部分遗址（图片自绘）

元素。在灵沼轩屋殿内的柱体做了象征皇权的龙纹装饰，外围柱体装饰则运用莨苕纹，并且莨苕纹在运用时简洁规律，与西洋楼繁复堆砌的装饰技法不同。在西方建筑装饰当中的莨苕纹与贝壳纹饰并不是主体纹样，而是用于各式人物以及故事题材等，直到传入中国进行装饰时，根据当时的社会情况以及文化因素，西洋楼建筑装饰变为以莨苕纹饰以及贝壳纹饰为主要装饰，大面积地堆砌使用，而在灵沼轩的建筑装饰当中，这些人物以及故事题材纹饰变换成为中国本土吉祥纹饰。在门窗样式部分，西洋楼门窗样式丰富，纹饰较少，灵沼轩门窗装饰题材丰富，各面纹饰不同，但样式却皆为简洁的半圆拱券式⑨。

四、结语

灵沼轩是清末中西文化相互融合而成的建筑产物，其布局形式、建筑技术、装饰艺术等既具有西方文化特征也富含中国传统文化意蕴。建筑当中的装饰艺术，尤其能直接体现文化信息，反映一个时代的背景以及人文特征。建筑装饰是当时年代的历史背景与物质空间信息的载体，是清末中西文化相互融合的一种灵动体现形式。

①王敏：《清末民初的北京皇城改造》，《北京观察》2016年第6期。

②闫宏斌：《故宫为何也有烂尾楼》，《前线》2011年第4期。

③麦嘉雯：《广府传统建筑装饰纹样研究》华南理工大学2020年硕士学位论文。

④黄博文：《中西建筑文化背景下的石库门建筑装饰探析》，《城市建筑》2017年第20期。

⑤王俊：《故宫建筑群装饰纹样的符号学研究》，中南民族大学2011年硕士学位论文。

⑥王晓华：《天津"小洋楼"及其建筑装饰的研究》，苏州大学2007年硕士学位论文。

⑦曹辉：《中国传统装饰纹样艺术特色探究——以明清花卉纹饰为例》，《晋中学院学报》2014年第2期。

⑧于健、赵佳：《圆明园西洋楼建筑装饰艺术的源流及其变异艺术评论》2011年第4期。

⑨于健：《圆明园西洋楼建筑装饰艺术探源及其变异》，《圆明园学刊》，2012年。

（作者单位：首都师范大学美术学院）

詹天佑字号考辨

夏永丽

詹天佑（1861—1919，英文名Jeme Tien Yow），生于广东省广州府南海县西门外十二甫（今属广州荔湾区），祖籍徽州婺源（今江西婺源）。同治十年（1871），詹天佑考取第一批留美官学生；光绪七年（1881），获耶鲁大学哲学学士学位；宣统元年（1909），建成京张铁路并通车。此后，詹天佑又相继负责一系列的铁路工程，对近代中国的铁路发展做出巨大贡献，由此，被后人誉为"中国铁路之父""中国近代工程之父"。

尽管詹天佑先生名闻天下，但是，关于其字、号的问题，因为一些记载讹误，至今尚无定论，有称其字眷诚、号达朝者，亦有称其字达朝、号眷诚者，莫衷一是。鉴于此，笔者不揣鄙陋，撰写此文，恳请方家不吝赐教。

一

今人龚炳孙曾言："个人名、号，初不为世所重。古者原以名、字、号相配成套，流衍而有定名或别称。"因此，对古人名、字、号的考订，不仅关系到人物基本信息的客观认定，也关系到对人物其他方面相关研究的特有价值。

古人名、字并非同时出现，名很早就有，字的出现时间晚于名，约在西周。名由父母在出生三月后所取，供长辈称呼；字是古人举行弱冠之礼时，由德高望重之人所取，供平辈或朋友称呼，即《礼记·檀弓》所言"幼名，冠字"。而字与名的关系，《白虎通义·姓名》曾有明确

表述："旁其名为之字者，闻其名即知其字，闻其字即知其名，若名赐字子贡，名鲤字伯鱼。"由此得知，名与字关系密切。名和字的具体关系表现，清代训诂学家王引之的《春秋名字解诂》做了明确表述，即"并列式"（同义互训，意义相同）、"矛盾式"（反义相对，意义相反）、"扩充式"（连类推论，意义相顺）、"延伸式"（据义指实，意义相延）、"辅助式"（辨物统类，意义相近），也就是说名和字意义相同、相互扶助或者意义相反。

号，又称别号，有两个来源，一为文人抒发自己抱负、表达理想与信念自取号或别号；二为朋友或世人赠号，有以轶事所取，有以官职、住所所取，有以出生地为赠号。与字相较，号不但出现的晚，而且最初范围只限于文人，后来才逐渐扩大至平民百姓。因号与字的起源不同，所以号与名不似字与名，不一定存在必然联系。到明清时，随着民俗文化的不断发展，许多文人为显高雅，将字改为"大号""尊号"，问号实则问字，从而造成了一定程度上字号的混淆。

二

詹天佑先生名天佑，英文为Jeme Tien Yow，此点是没有疑问的。但是，其字和号的记载多有讹误，导致学界目前的认识产生一些分歧。

一种观点认为：字达朝，号眷诚。

此种观点的主要依据为詹天佑纪念馆

所藏、光绪十年（1884）詹天佑先生所撰家谱（图一），其中记称："四十传　名天佑，字达朝，号眷诚。"

20世纪80年代后，詹天佑先生之孙、原詹天佑纪念馆馆长詹同济先生沿用了此种家谱记载，在其多部著作中多记为"字达朝，号眷诚"。受詹同济先生身份影响，时人亦多有接受其观点者，例如2001年经盛鸿著《詹天佑评传》、2006年任喜贵与贾本义主编的《詹天佑》、2008年谢放著《中国铁路之父詹天佑》、2018年经盛鸿和经姗姗著《詹天佑：从南海幼童到中国铁路之父》等，都记载称詹天佑先生"字达朝，号眷诚"。

另一种观点则认为：字眷诚，号达朝。

此种观点的主要依据如下：一是，詹天佑纪念馆所藏、徐世昌为詹天佑先生所撰写的悼文中称"君名天佑，字眷诚，广东南海人"（图二）；二是，民国十四年（1925）纂修的《（民国）重修婺源县志》卷十八和卷二十四中记述均为"詹天佑，字眷诚，庐源人，广东籍"；三是，20世纪60年代，凌鸿勋编《詹天佑先生年谱》记："先生姓詹，名天佑，字眷诚"。

另，茅家琦与高宗鲁著《詹天佑传》、国家图书馆分馆编《詹眷诚技监建设铜像碑文传事实》等亦均采用詹天佑字眷诚一说。

三

对比上述两种观点，笔者以为，后一种观点应是正确的。

一方面，笔者认为家谱中虽记载为"字达朝，号眷诚"，是詹天佑先生亲自撰写。但，考虑先生人生经历（自幼出国留学，学成后方被清政府急招回国），光绪十年纂修家谱时，不过回国三年时间，其对于中国传统的字、号差异未必已经熟知，并且，可能受其长期接受的欧美书写

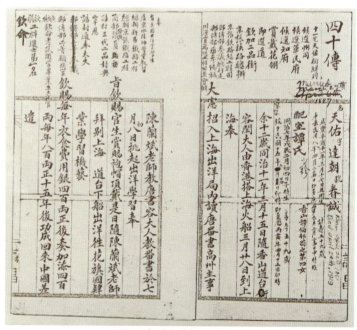

图一　詹氏家谱詹公天佑页

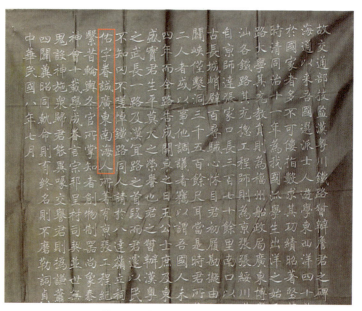

图二　徐世昌为悼念詹天佑撰写的碑文（局部）

出洋美國肄業学生 同治十一年
第壹批
曾篤恭 子安 張康仁 石錦堂
梁敦彥 崧生 陳鉅鏞 陸永泉
錢文魁 宿元 黄開甲 子元 歐陽庚 少伯
陳榮貴 輔朝 吳仰曾 述三 譚耀勳
羅國瑞 岳生 容尚謙 輝山 潘銘鐘
鄧士聰 達廬 黄仲良 贊廷 蔡紹基 述堂
蔡錦章 雲飛 史錦鏞 瑞臣 曹吉福
程大器 汝湖 鍾進成 勉之 何廷樑 柱臣
詹天佑 眷誠 黄錫寶 劉家照 月初
鄺榮光 鏡河 牛尚周 文卿 鍾文耀 紫垣

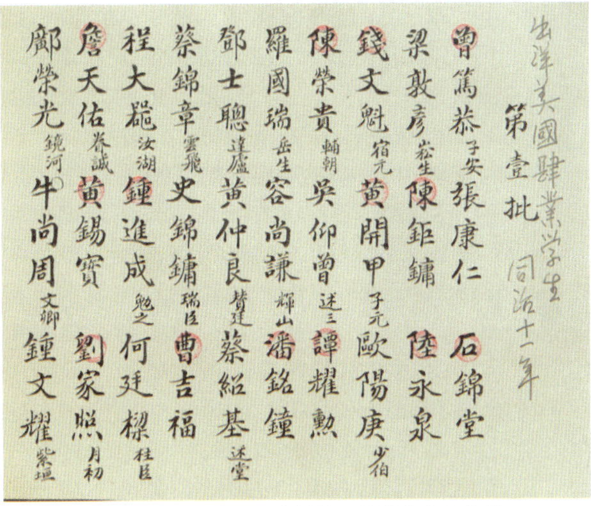

图三 詹天佑先生留存的第一批留美幼童名单

规范的影响，误将字、号颠倒。其后人詹同济先生沿用了家谱的记载，与家谱实际上是同一证据，并无太多说服力。

另一方面，笔者在詹天佑纪念馆的藏品中找到了几个强有力的物证：

其一，詹天佑先生留存的同治十一年（1872）第一批出洋留美幼童名单中，在其姓名下，写有“眷诚”两字（图三）。在此幼童名单中，不单詹天佑先生姓名下小字备注其字，三十人的名单中仅八人没有字，其他诸人如梁敦彦，下注其字“崧生”；欧阳庚，下注其字“少伯”；曾笃恭，下注其字“子安”等，名和字均遵从了古人对名和字意义相同、相互扶助或者意义相反的基本原则。

其二，詹天佑先生在宣统三年（1911）五月廿九日写给宜昌大清银行的付款条：“由本年伍月底起，每月底请代付看守本寓之号房赵贵捌元正，付银时请取回收条。…… 詹眷诚条，辛亥五月廿九”（图四）。古人名、字一般由父母师长处承继而来，并且，因为需要在参加科举考试时开具个人的家族履历，所以，名、字一般都不会轻易改动。但是，号则可以随着个人兴趣爱好的变化而不断更改。例如，晚清著名思想家龚自珍，字瑟人，号定盦、羽琌山民，一字而两号；林则徐，字符抚，又字少穆、石麟，晚号俟村老人、俟村退叟、七十二峰退叟、瓶泉居士、栎社散人等。有时同姓之人，还极易出现号相同者。例如，乾嘉时期浙江杭州学者卢文弨号“抱经”，而与其同时期的浙江余姚藏书家卢址亦号“抱经”，时称东西两抱经。而卢文弨祖籍恰好亦是余姚，所以，在传世的文献中，单凭“卢抱经”三个字，后人便极易弄混两人。

鉴于此，在私人信札的落款中，古人通常都不会自己称自己的号，一则是为了避免弄混，一则是为了表示对收信人的尊重。据此，在此份詹天佑先生交给大清银行的便条中，其肯定不会写的是个人的号，而只能是字。

由本年伍月底起每月底請
代付看守本寓之號房趙貴
捌元正付銀時請取回收條
所付之銀該款入第之賬可也此致
宜昌
大清銀行台照
詹眷誠條 辛亥五月廿九

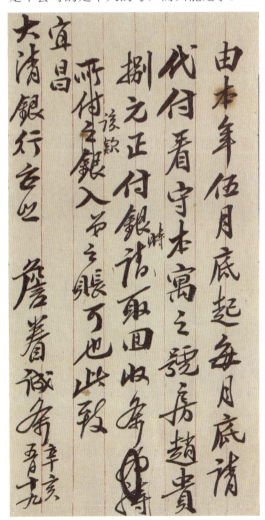

图四 詹天佑写给大清银行的付款凭据

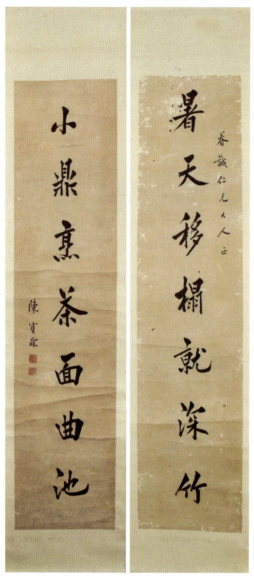

陈宝琛与李家驹皆为清末大臣，与詹天佑同朝为官，并且都与先生平辈论交，题联写扇赠予先生，则足以证明两人与先生多有交往，并关系颇好。既然如此，两人应该不会弄错詹天佑先生的字、号。

同时，笔者还查阅到詹天佑根据京张工程施工写成的《京张铁路工程纪略》中徐世昌所撰写序言，通篇均只出现字"眷诚"："岁乙卯秋八月，詹子眷诚自汉皋邮寄所述《京张铁路工程纪略》，问叙于余。眷诚以铁路工学专家独任斯役，志愿之宏，而力足以赴之。经始于乙巳之九月至己酉七月葳事，时余适长邮部与观厥成忽忽焉，七度中秋矣。犹忆眷诚既报工竣于部。……金以中国铁路率借材于异地，独兹则不然，且于万山匪匪之中，辟混茫以通广漠，成千古之奇境，而归美以眷诚焉。今方踵眷诚之辙，自张家口接辟轨涂以达绥远城，为西北边围之经营。眷诚则躬督汉粤川铁路，事上下数千里，长江五岭悉归指画，其艰其钜又百倍于京张。眷

图五　陈宝琛赠给詹天佑的楹联

其三，清末帝师陈宝琛在赠予詹天佑先生的楹联末尾题字称："眷诚仁兄大人：暑天移榻就深竹，小鼎烹茶面曲池。陈宝琛"（图五）。又，现存广东省广州市荔湾区地方志编纂委员会办公室档案室的清末人臣李家驹纸扇（图六），扇面一侧为梅花，上书"幽芳淡冶仙为似，傲骨嶙峋世所稀。绘为眷诚仁兄大人正画，弟陆眉寿，尧松作于京师客馆"，另一侧则为詹天佑同乡李家驹题写的节录山谷跋语："眷诚仁兄乡大人正"。

图六　清末大臣李家驹题字纸扇

诚固无懦也，使及余而庆其成，当犹能濡笔纪之，而京张一路为眷诚发轫之始。居庸山色犹日悬于心目间，岁月不居，关河无恙。愿眷诚益自刻励，张我夏声，绾毂中原，六通四辟，有险皆夷，无陂不平，朝咸池而夕虞渊，同轨之盛，肇隆简册不亦足令穆满叹为神奇，祖龙望而夺气欤。天津徐世昌序"！

由此，联系先生与徐世昌同朝为官事实，基本可以推定，先生字应该就是眷诚，而达朝则是号。

综上所述，晚清的特殊环境和詹天佑先生的个人经历，导致其对于字和号的理解出现失误，并写入家谱中，并影响了其后人詹同济先生的判断。而笔者经过梳理考证，认为詹天佑先生的字应该是眷诚，号是达朝。

（作者单位：中国铁道博物馆）

北京考古从"物"到"文"的转化趋势及考古学对于其他学科的作用

郭京宁

在《考古所见的北京历史文化特点》一文中，笔者梳理归纳了北京考古发现所反映的十项历史文化特点，包括1.谱系序列绵延久长，2.文化因素多元交错，3.遗迹遗物种类多，4.民族关系碰撞交融，5.异国交往源远流长，6.宗教信仰众教并存，7.皇家特色引人瞩目，8.等级秩序尊卑有别，9.民俗文化多层多元，10.城市规划经典传承①。本文将以此作为基础，分析北京考古从"物"到"文"的转化趋势，并探讨考古学对其他学科的作用。

一、从"物"到"文"的转化趋势

考古所见的大量物质遗存，展现了北京物质发展史。丰富多彩的物质背后是博大精深的文化。因为"物"是固化的文化，"文"是凝炼的物质。从"物"归纳到"文"，是学科不断发展、提炼、总结特点的过程，也是学科发展的客观规律和必然要求。

英国马林诺夫斯基所创的功能学派，把文化因子分为物质底层、社会组织、精神文化。可见物质是文化的基础，没有物质，也就无从文化。通过物质遗存的研究，不仅要看到古代的生产能力，还要看到人们的精神世界及社会组织状况②。

发现和研究"物"，不是终点，揭示"文"才是目的。这源于几方面的原因。

其一，考古人员不满足于只获得实物。不能满足于"挖到了什么"的快感，更要追求从中"看到了什么"的真实。当然，"物"的丰富性决定着对"文"理解的深刻性和全面性。精美的出土文物总会更吸引眼球，但仅停滞在"得到"上是低层次的心理追求。每件实物、每项遗迹，即便是最寻常的形式，都是历史的尘埃，背后都蕴藏着更多的肉眼看不到的历史信息。一叶知秋、管中窥豹，体现了考古人员专业素养与研究能力。

其二，考古学的发展动力不满足于只获得实物。考古学蕴涵着历史研究的内在动力。

获得实物资料不是目的，而是手段。用实物资料构建逝去历史的文化面貌的时空框架是考古学最基本的层次要求。在考古学文化编年和谱系的构建基本完成后，对人类古代社会的历史复原就顺理成章地成为考古学研究的下一个层次要求。为了满足这一要求，考古学相应地拓展了研究方法和领域，运用了新的研究手段和技术，为历史研究服务。

文化人类学者罗伯特·贝德纳里克（Robert Bednarik）说过："在考古学所研究的过去所发生的所有事件中，有99.99％以上没有任何种类的证据幸存超过一秒钟。在仍然不可计数的留存下来的事例中，只有百分之一的一百万分之一这样一个微小的比例有证据留存下来。其中，只有无穷小的一部分被考古学发掘了出来，而其中更小的一部分得到了正确的解释。"③从这个角度讲，考古学具有不竭的研究魅力和内在潜力。

北京从时代上是金、元、明、清的四朝首都，从地理位置上是连接北方草原地区与中原地区的过渡地带，这些时空特点使得北京蕴含着大量的考古资料。这些丰富的资料推动北京成为全国较早较好建立考古学时空框架的地区之一。而这项层次的要求基本完成后，考古学研究不会就此停下脚步，必然要向前发展，力图为历史研究做出最大的努力和贡献。

其三，考古学的研究方法不满足于只获得实物。考古的方法不仅是对过去神秘文物的发现和提取，还有科学而丰富的理论、技术和手段。

近代考古学最基本的特质是以调查发掘获得的实物资料作为研究对象。但调查发掘只是考古的一部分，还包括整理分析和研究。不论是调查发掘的过程还是整理分析的过程，以及在此基础上对历史问题的研究，都是考古工作过程的不同阶段，调查发掘的过程只是基本前提。

理论、方法、技术和手段的与时俱进，使得考古学的研究向更深层次进展，后者的发展又反过来对前者提出更高要求，而获取实物只是建起万丈高楼的基础。

其四，考古学发展的趋势不满足于只获得实物。发掘出各种形态的物只是最基础的要求，透过"物"参悟背后的"文"才是大势所趋。事业的发展不以人的意志为转移，这是学科发展的潮流。

发掘、整理和研究，是一项考古工作必须经历的过程。在资料及其信息的发掘中，不能不存在整理；同时整理中，不能不含有研究和解释④。发掘得到的是"物"，整理和研究得到的是"文"。"物"和"文"是相互反映、相互促成的，是现象和本质的关系。如果仅停留在"物"的水平上，不仅割裂了两者存在的内在联系，也忽视了这两者循环地贯穿于考古学始终这一客观存在的事实。这种循环螺旋式上升过程的层次与层面，存在量与质的区别。

其五，社会需求不满足于只获得实物。考古学在中国被归为历史学科，在欧美则被归为人类学学科，这表明了考古并非是专业技术行业，而是有更广泛的社会需求和联系。考古上的重大发现屡屡引起热烈的社会反响，许多文化遗产现象和热潮都表明了人们对考古有接近和解读的诉求。在这样的问题导向下，考古学不应停留在挖宝的水平上，而是要积极反映背后的历史文化特点及人类历史，有所作为，讲好文物故事，让广阔大地上的文物活起来。

二、考古学对于其他学科的作用

北京考古所见历史文化的特点，体现着考古发展的客观规律性。而这些特点，又在宏观层面上需要和引导着考古学与其他学科的联系——为它们的学术史研究提供新的资料——当然这些资料首先也是考古史上的重要内容。

考古学与众多学科有着密切的关系，有些概念互有交叉。按照国家现行的13个学科门类划分，考古学几乎与它们都有交集，使它们的研究面貌为之一新，这是没有任何一门其他学科能够做到的。考古学在供给侧方面发力，以问题为导向，激活、释放、转化与实现其他学科的需求，实现各学科研究史料的可持续增长。下面结合北京地区考古成果加以论述：

1. 哲学：

宗教史——持净寺辽金塔林遗址以中小型塔基为主，为中国佛教考古提供了重要的新资料。房山北郑的辽代石卧佛、密云冶仙塔的辽代彩绘陶经筒、元大都的影青观音像等都是重要的佛教文物。道教、伊斯兰教也有很多重要的考古发现。

2. 经济学：

度量衡史——通州后北营发现的东汉算筹对于研究计量史有着重要意义。西晋华芳墓的骨尺是研究当时长度单位的实例。后英房等遗址出土的元代铜权反映了元政府在权衡制度的管理中，标准器由中央掌握，由工部向各路颁发⑤。秦代"半两"铅钱范，属于直流分铸式早期工艺的地方性铸钱钱范⑥。

经济史——以琉璃河西周贝币为代表的大量货币是研究商品流通和往来贸易的重要资料。延庆军都山春秋中晚期尖首刀币是燕国铸行的货币，作为农牧两种文明碰撞的重要产物，影响到燕、齐等国的经济。明清首饰（特别是一些有银号铭记的）作为财富与艺术的结合，与社会风气和文化氛围相关，涉及经济史、社会史等问题。

3. 社会学：

人类学史、民族学史——大量人骨是体质人类学、分子生物学，特别是古代民族体质特征研究的第一手资料。延庆玉皇庙墓地的女性龋齿患病率高于男性。昌平张营的制陶工具是了解商人制陶工艺的素材。延庆玉皇庙的春秋墓葬为了解北方民族的风俗习惯提供了资料。胡家营等地的汉代房址为了解当时的聚落内部结构和社团关系提供了资料。古代城址的分布和变迁是了解人口聚集要素、城市变迁史等城市人类学的重要内容。汉代瓮棺葬为儿童史的研究提供了新的视角。

4. 教育学：

教育史——刻有"乌还哺母"铭文的八宝山东汉石阙是迄今北京最早的石刻，表现了汉代孝的教育。汉代六博棋、辽代围棋、金代象棋等棋类文物是体育史上的重要文物。

5. 文学：

文学史——唐代张建章墓志的发现，使得《渤海记》这一名著的创作背景清晰了。元代后英房居址的砖地上印有曲令，是文学史上的资料。元大都遗址中磁州窑的诗文罐反映当时诗文创作中的水平，"元章"紫石砚可能是大书法家米芾写的字。

6. 历史学：

古代史、专门史——原始社会史的研究要利用考古学的研究成果。大量墓志有"证"有"补"，是历史研究的坚强基石和有力工具。

古文字史——西周琉璃河的甲骨文、金文起北京文字之肇。大葆台竹简是隶书不多的实例。西晋华芳墓志书法隶古，是研究汉隶的珍贵资料。房山石经山所藏不同书法风格的石经，可以看出历代书法的演变与艺术成就。北郑辽塔中的断碑刻文为行草并用体，书法风格有北海李邕之风。辽代耶律敌烈墓志是契丹小字的重要资料。旧鼓楼大街出土的元代瓷碗底部有蒙古拼音文字八思巴文。

历史地理——利用墓志资料可探讨唐代⑦、辽代⑧等时期乡、里、村名称及分布情况。丽泽商务区的古环境研究可以了解当时金中都的局部小环境。天桥的发掘为研究天桥水道的变迁及对天桥环境的影响提供了资料。

典章制度史——房山唐代归义王墓志、鲁谷金代吕氏家族墓志、朝阳明代施聚家族墓志等为研究各朝代官制、对外关系、门第观念提供了依据。

7. 理学：

科技史——北京人用火的痕迹可视为化学史的开端，上宅的复合石刃器表明新石器时期人们掌握了取得和使用胶的技能⑨。西周琉璃河青铜器的制造已采用镀锡技术。西汉路城的铁棘轮齿轮是少见的机械构件。唐代墓葬上的彩绘颜料、辽代琉璃渠的琉璃、清代康熙雍正的珐琅彩，及上面提及的手工业遗址都是化学史上的重要内容。辽代龙泉务含硼硅酸盐琉璃釉比国外出现硼酸盐珐琅釉至少早500年。大葆台一号汉墓内棺底板的滑板、国家射击场明代太监墓的挡门石巧妙运用了物理学中的力学原理。

手工业史——由于考古研究的对象以物质为主,所以一部考古史几乎就是一部手工业史。西周琉璃河漆器上的螺钿工艺,距今已有3000年。大葆台西汉玉器最小的只有0.15厘米,最薄的只有0.5毫米,反映了北京地区汉代玉器的制作水平。房山云居寺唐代刻经题记中记有30余种手工业行会在此刻经,全国罕见。天开塔的辽代木供桌是目前北京发现的最早的木制实物。除辽代三大瓷址外,平谷的寅洞也有炼制瓷釉的坩埚。合金成分检测表明,明万历墓出土的金器成分与加工工艺有密切联系。

8. 工学:

冶金史——刘家河商代墓葬中的铁刃铜钺,是将陨铁加热锻打后嵌到铜钺体上的,具有先进科技含量。还有金耳环和金臂钏,后者的含金量达85%,是北京迄今发现的最早的金饰品,表明当时人们已有黄金冶炼加工技术。昌平张营的锡青铜被广泛使用,处于青铜时代早期向成熟期过渡的阶段,并且大量石范为研究铸造工艺提供了资料。延庆水泉沟发现的生铁联合炒钢炉,从实物角度将明末《天工开物》中的记载提前了至少500年,是冶铁领域新的资料。

建筑史——大渠汉墓的各类陶楼、房屋样式繁多,为了解当时的建筑形制提供了参考。通州古城的众多汉代水井是了解当时建井技术的重要史源。唐、辽、金代砖室墓葬的仿木砖雕,为研究当时的建筑提供了直观的资料。大兴辽代受缘寺的"五瓣蝉翅"丰富了辽代砖砌慢道的做法。元大都和义门瓮城的"鹅台"和防御火攻的灭火设备是考古中首次发现的实例。圆明园紫碧山房、含余清等建筑采用了"满堂红"的建筑基础方式。

材料工艺史——金属器、陶瓷、琉璃器、石器、木器、玉器、漆器、骨器等考古发现是一部建材史的百科全书。

水利史——金中都水关反映了我国古代水利设施的高超成就和大型建筑水平。玉河的发掘,为探讨古代通惠河演变、北京城市供排水系统、水环境的变化、船闸的工作原理提供了一批重要资料。五环路卢沟桥段发现的石碑等石刻文物记载了明代修建卢沟桥河堤的位置和史实。

环境史——东胡林遗址自更新世晚期以来的连续地层剖面对于研究华北地区环境变迁以及人地关系十分重要。上宅遗址的孢粉分析反映了全新世以来洵河流域的环境变迁。大葆台汉墓多用柏木表明当时生态环境较好。

交通史——西周琉璃河和大葆台汉墓的马车、延庆西屯西晋墓的牛车俑、小红门的唐代沉船等,都是交通工具史研究的翔实资料。

漕运史、船舶发展史——通过古代沉船和船载货物、钱币和船上属具等遗存的研究,探讨外销或舶来物品的物质文化史、经济史以及船上社会学等一系列社会经济文化史领域。例如通州潞城杨坨村西南发现的沉船推断为随漕妓船,约是清光绪十三年(1887)白河(北运河)决口沉没的。漕运码头的功能分布、建造工艺、转运职能及转运规模等,是漕运史研究的重要资料。

9. 农学:

农史——东胡林遗址发现的植物遗存,为研究中国北方地区旱地粟类农业起源和变迁提供了十分丰富的科研标本。军都山春秋铜罍中的原料,为研究三千年前的酿酒提供了依据。丁家洼春秋居址、老山汉墓的出土植物经鉴定后可知,战国至西汉时期的燕国,种植和食用的主要旱生农作物为黍、粟、大豆和大麻,而小麦和水稻未成先民们经济生活中的重要组成。新石器至西周的石质收割和粮食加工农具有铲、镰、磨盘、磨棒、杵等,两汉之际的铁质农具有锄、镰、镬、镢、錾等。石景山魏晋墓的壁画描绘了二牛一人扶犁耕作,反映了当时的农耕方式。大兴三合庄金代数量巨大的炭化栽培高粱遗存,是东亚地区的首次发现,填补了高粱在世界范围内的传播路线上的缺环。栽培稗的分布是其在中国分布的最南边界，对稗作农业在东北亚地区的起源、传播、分布的研究提供了大量的考古学实物证据，填补了中国地区栽培稗研究的空白。

古植物学——运用淀粉粒分析手段对上宅遗址出土的石磨盘和石磨棒的研究表明，数量最多的淀粉粒依次来自栎属（Quercus）果实（橡子）、粟（Setaria italica）、黍（P.miliaceum）、小豆属（Vigna）⑩。丰台贾家花园战国铜钫中出土有梅或杏的残壳。大葆台西汉墓出土了枣、小米、栗子。大兴三合庄金代早中期的遗址内发现大量炭化植物遗存，主要有栽培稗、水稻、粟、黍、小麦、大麦、大豆等，包含了稻、黍、稷、麦、菽的"五谷"，还有高粱、豌豆、绿豆、芝麻等"杂粮"，有甜瓜、枣、桃子等水果，核桃等坚果，苍耳、芦苇草等杂草。

畜牧史、茶史——各类家畜骨骼的发现可以研究它们的种属情况及驯化史。魏晋的青瓷灌药器是北京迄今发现的最早的兽医用械。黄釉茶碾是唐代制茶的实物例证。石景山金代墓葬壁画中的"备茶图"是北宋茶文化的反映。

10.医学：

古医学、古药学——古代的人骨为古病理学研究提供了基础材料。元大都的铁药碾是元代制药的工具。拆明代城墙时发现的五方北宋《新铸铜人腧穴针灸图经》残石，刻有手太阴肺经等经腧穴名称与部位，集北宋以前针灸学之大成。

11.军事学：

军事装备史——白浮的西周青铜短剑、古城的汉代铜镞、延庆魏晋的铜弩机等是研究兵器史的实物。丽泽商务区的金代铠甲和头盔是研究金代军备史的资料。

军事建制史——延庆发现的"偏将军印章"等对了解当地的军事建制具有重要参考价值。

12.管理学：

管理史——唐董庆长墓志涉及行政管理的内容。金代石宗璧墓志记载其管理酒税等有关工商管理的情况，墓中的铜镜印有关税检验准卖的标记。

13.艺术学：

艺术史——山顶洞的各类穿孔装饰品反映了原始艺术的萌芽。上宅新石器石雕、陶雕同期罕见，是研究原始艺术、雕塑史的极佳素材。西周玉器的动物造型，承商写实遗风，虚实相彰。汉代的杂技陶俑、玉舞人表现了当时的舞蹈、演艺场面。唐辽金墓葬的壁画为美术史学者所青睐。金陵精美的神道、石雕为雕刻史提供了新鲜材料。

纺织史、服饰史——昌平雪山的陶纺轮表明至迟在新石器晚期的人们已经熟练纺布。老山汉墓的棺罩复原后十分精美，绣品上团凤纹是新出现的纹饰品种，1厘米的花纹长度里就采用锁绣手法绣了13针。大葆台汉墓中出土12件丝织品，有绢类、刺绣、漆纱和组带。房山刘济夫人的墓志上发现了红色细绢，显示出唐代纺织技术的发达。鲁谷金代丝织品由蚕丝纤维、媒染剂、染料等材料通过特定的工艺制作而成。定陵出土的明代丝织品、冠服种类多，工艺精美。还有石景山的明代宦官纺织品、清代龙袍等。

……

应用考古资料较为广泛、运用技术或方法较为成熟、研究开展较为深入的领域及相关学科衍生出环境考古⑪、陶瓷考古、艺术考古、兵器考古、地震考古⑫、地质考古、建筑考古、冶金考古、水下考古⑬、民族考古、音乐考古、纺织考古、遥感考古、盐业考古等分支学科，不一而足。

三、小结

北京考古所见历史文化内涵的归纳，来源于六个时期的考古资料。而现有资料的来源渠道，是科学的考古发掘与研究。考古发掘可以理解为狭义的考古工作。因为纵然一线的考古工作者不乏研究的热情、愿望与能力,但首先要面对的,是大量紧张繁忙的配合各类工程建设、土地开发的发掘,是现场的工作——这是考古工作的作用之一使然——为各类基本建设创造条件。现场的发掘是第一位的,不论是从政治高度还是学科业务要求。

而广义的考古工作,除了发掘,研究更是必不可少的内容,是室内的工作,这也是考古学科的必然要求。如果有条件,宣传和利用也应纳入工作。不过由于时间、条件所限,研究对于发掘而言,往往有相当的滞后性,而且越是重要的研究越需要时间,要避免因不讲求学科规律性急于求成的大跃进。发掘和研究也好,工作也罢,其实质都是学科的一部分,是学科的不同侧重点和发展阶段。

发掘、研究、工作、学科这四个考古中的概念,既相互联系又有所区别。它们缺一不可,又互为因借。四个概念的关系如图(图一)。

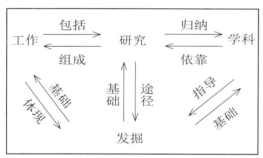

图一 考古中的发掘、研究、工作、学科关系图

如果梳理一下这四个概念的关系,就是:

(一)发掘是工作、研究、学科的共同基础;

(二)研究是发掘的延续,是解释发掘所获取资料的途径;

(三)发掘的新资料推动着研究的开展,研究的新进展又反过来指导发掘的实践;

(四)工作是发掘的行业管理和事业要求,因为正规的考古发掘除遵循技术规范外,还有职务行为所必需的纪律法规、规章制度、程序手续等;

(五)发掘和研究是工作和学科的具体实践;

(六)学科是研究发掘所获取资料的规律性认识的总结,并引领着具体的发掘[14]。

由此可见,发掘在四者中处于基础和核心地位,对其的态度也应如张忠培先生语"有敬畏之心"[15]。"挖到了什么好东西?""这东西值多少钱?"经常成为外人面对考古工作者的第一个问题,而"好"的标准对于他们而言又是表面化的。这样的价值导向往往会使考古学的发展基础摇动,方向偏离轨道。

如何最大程度诠释"物"中所蕴藏的"文"?首先需要专业的人干专业的事,让持有者精雕细琢,这才是弘扬"工匠精神"之所在;其次还需要管理者多一些长远的学术眼光,多一份学术耐心,既理解考古学不能解决所有问题,又能让研究者能够聚焦中心任务,深耕主业。

百年的发展史,相比其他学科,考古学只是万里长征走完了第一步。然而,已显示出巨大的能量,实我辈之幸。今后北京考古还会书写怎样的篇章,实赖我辈之努力。

①郭京宁:《考古所见的北京历史文化特点》,《北京文博文丛》2019年第3辑。

②俞伟超:《文物研究既要研究"物",又要研究"文"》,《考古学是什么》,中国社会科学出版社,1996年。

③[英]保罗·巴恩:《当代学术入门:考古学》,辽宁教育出版社,1998年,第4页。

④张忠培:《中国考古学史的几点认识》,《中国考古学:实践·理论·方法》,中州古籍出版社,1994年。

⑤王燕玲:《北京市文物研究所藏元代铜权》,《北京文博》2006年第4期。

⑥王燕玲:《北京市文物研究所藏"半两"铅钱范》,《北京文博》2007年第4期。

⑦赵其昌：《唐幽州村乡的探索》，《京华集》，北京燕山出版社，2014年。

⑧尹钧科：《北京郊区村落发展史》，北京大学出版社，2001年。

⑨苏秉琦主编：《中国通史》第二卷《远古时代》，上海人民出版社，1994年。

⑩杨晓燕、郁金城等：《北京平谷上宅遗址磨盘磨棒功能分析：来自植物淀粉粒的证据》，《中国科学（D辑：地球科学）》2009年第9期。

⑪周昆叔：《北京环境考古》，《第四纪研究》1989年第1期。

⑫北京市文物工作队：《北京地震考古》，文物出版社，1984年。

⑬郭京宁：《开展北京水下考古的新纪元》，《北京文博文丛》2018年第4辑。

⑭有的学者不同意将古代各种遗存作为考古学的研究对象，它们只是研究对象所凭借的资料，两者不能混淆，考古学的研究对象是考古学文化。张忠培：《关于考古学的几个问题》，《文物》1990年第12期。

⑮张忠培先生于2014年2月27日，在"2012—2013北京考古工作汇报会"上的讲话，笔者笔记。

（作者单位：北京市文物局）

北京房山窦店镇唐代墓葬发掘简报

北京市文物研究所　　房山区文化和旅游局

2019年5月和12月，为配合北京高端制造业基地建设，北京市文物研究所在先期考古调查、勘探的基础上，对该项目范围内发现的14座古代墓葬进行了考古发掘，墓葬年代分别为东汉、魏晋、唐代、清代。其中唐代墓葬3座（编号为M5—M7），现将其发掘情况简报如下。

一、地理位置与发掘概况

发掘地点位于房山区窦店镇江村、后街交界处，西距窦店土城遗址约6公里，中心位置坐标为北纬39°39′28.97″、东经116°7′19.33″，地处太行山余脉东麓平原、大石河和小清河之间，地势平坦，现用地为农用地，地表有少量树木（图一）。

发掘区内地层堆积情况大体一致，自上而下可分3层。

①层：深约0—0.4米，厚约0.3—0.4米。土色呈灰褐色，土质较软、结构较疏松，含植物根系、现代建筑废料等。为现代人类活动形成。

②层：深约0.3—0.45米，厚约0.1—0.15米。土色呈深灰褐色，土质较硬、结构较致密，含少量植物根系、炭屑等。有成层淤积现象，推测自然淤积为主导因素，伴有少量人类活动遗存。

③层：深约0.4—0.6米，厚约0.1—0.2米。土色呈黄褐色，土质较硬、结构较致密，含少量礓石等物。

③层以下为黄褐色生土，土质硬，纯净、无包含物。

本次发掘的三座唐代墓葬均开口于③层下，打破生土。M6和M7为一组，M6位于M7西北方，两墓相距约10米，M5位于M6、M7正北约200米处。

二、墓葬形制与随葬器物

（一）M5

梯形砖椁墓，方向0°。头侧较宽，由于破坏严重仅残留下部。残存墓口距地表深0.6米，墓底距地表1.4米。墓圹南北通长2.98

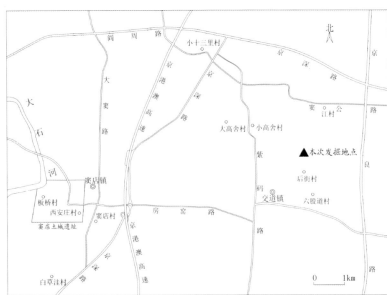

图一　发掘地点位置示意图

米、东西宽1.3米。椁室口小底大，长
2.26米、上宽0.34—0.54米、底宽0.46—
0.58米、残高0.54米。四周用整砖顺向错
缝平砌，底部用青砖和残砖顺向对缝平
铺。用砖不均匀，有青灰色素面砖、细绳
纹砖、粗绳纹砖三种，规格基本一致，
为36厘米×18厘米×6厘米（图七，1、
2）。未见葬具。砖椁底部残存一头骨及
部分下肢骨，头向北，疑为仰身直肢葬，
性别、年龄不详（图二，照片一）。

该墓共出土1件双系瓷罐、2件陶罐，
均出土于头部东北侧。

双系瓷罐 1件。M5：3，完整。红
胎，酱釉。敞口，圆唇，束颈，鼓腹，平
底，饼足，最大腹径靠中部，肩部有对称
的二桥形系。自口部至腹部施半釉，釉下
施化妆土，有流釉现象。釉色剥落严重，
仅有极少部分可见酱釉残留。口径7.7厘
米、底径8.8厘米、最大径17.3厘米、高
19.1厘米（图三，1；照片二）。

陶罐 2件。M5：1，残。泥质灰陶。
敞口，方圆唇，耸肩，斜直腹，平底，
肩部有对称的二桥形系，一系残断。口

照片一 M5

图三 M5随葬器物
1. 双系瓷罐（M5：3） 2、3. 陶罐（M5：1、M5：2）

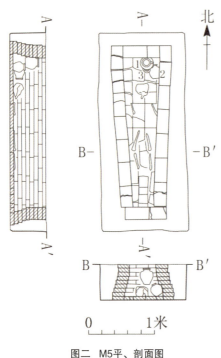

图二 M5平、剖面图
1、2. 陶罐 3. 双系瓷罐

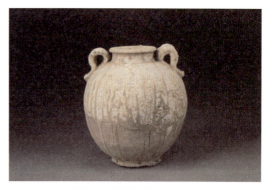

照片二 双系陶罐（M5：3）

径10.6厘米、底径9厘米、最大径17.4厘
米、高19厘米（图三，2；照片三）；
M5：2，完整。泥质灰陶。敞口，矮领，圆
唇，耸肩，斜腹，平底，肩部有一小孔。

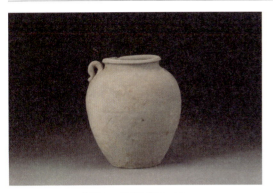

照片三　陶罐（M5：1）

照片四　陶罐（M5：2）

口径7.4厘米、底径6.8厘米、最大径12.5厘米、高13厘米（图三，3；照片四）。

（二）M6、M7

1．M6

东邻M7，带墓道砖室墓，平面呈"甲"字形，坐北朝南，墓道方向180°（图四，照片五）。墓室平面呈方圆形，顶部破坏严重，仅存墓室底部。残存墓口距地表深0.6米，墓底距地表2.4米。墓圹南北通长7.8米、东西最宽3.68米、墓口距墓底深1.8米。用砖均为泥质青灰色，单面模印绳纹约25道，规格34厘米×17厘米×5.5厘米（图七，3）。

墓道位于墓室南端，南北长3.94米、东西宽0.88—1.34米。由南向北设置有九步台阶，每步台阶南北宽0.28—0.34米，最底部台阶下为近平底。墓道内填黄褐色黏土，土质较硬，含少量炭屑等物。

墓门位于墓道北端、墓室南端，面宽2.24米、残高1.24—1.28米，东西翼墙为平砖错缝砌制，内宽0.66米、残高0.78—0.82米。墓门东西两侧砌有直棂窗，距墓底1.04

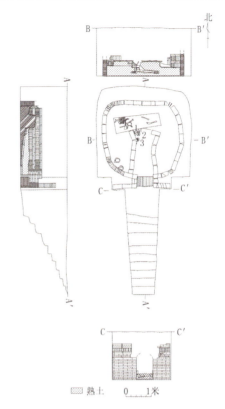

▨ 熟土　　0　　1米

图四　M6平、剖面图
1、2、3.陶罐　4.陶钵

照片五　M6

照片六　M6墓门

米，西侧残宽0.74米，东侧残宽0.38米，为单层竖砖斜向砌制。封门以人字形叠砌封堵，残高0.22—0.32米（照片六）。

墓室平面呈弧边方形。土圹南北长3.3米、东西宽3.68米、深1.8米，墓室内南北长2.6米、东西宽2.8米、残高0.24—0.82米。周壁用青砖"两平一竖"砌制。墓室内四角分别置倚柱，为三层立砖错缝砌制，西壁正中有一经过打磨的立砖，可能是其他仿木结构构件。室内北部设"凹"字形棺床，边沿距北壁约0.9米、距西壁最宽0.98米、距东壁最宽0.8米、残高0.38米。床边沿已变形，东侧仅存一层平砖，西侧有五块"亚"字形砖砌成的壶门。

墓葬经扰乱。墓室内北侧有棺床痕迹，未见明显葬具，人骨疑似经水浸后有抬升和滑动，棺床中部散落少量肋骨、脊骨、肢骨，棺床西南部残存两颗人头骨，保存较差。残存人骨包含两个个体，一男一女。男性约40—45岁，骨骼粗壮、肌肉发达，中长颅、高颅、颅宽中等、高面、面宽中等，枕外隆突极端发育，这一特征为北方少数民族所常见，汉族少有。女性，约40—45岁，右侧骶骼融合，坐骨和髂嵴严重增生，疑似有严重的盆腔内炎症，或由受伤引起，髂嵴严重增生可能由于臀部和腰部经常受刺激，说明腰部长期挂有重物。另有无法辨识性别的胸椎和腰椎，均严重增

生，形成三胸椎的连桥。

该墓共出土3件陶罐、1件陶钵。

陶罐　3件。均出土于墓室中部。M6:1，残。泥质灰陶。敞口，尖圆唇，卷沿，圆肩，鼓腹，底部残断。素面，器表有少量磨光痕迹。口径9.8厘米、最大径13.8厘米、残高10.4厘米（图五，1）；M6:2，残。泥质灰陶。敞口，尖圆唇，卷沿，圆肩，平底，明显外接的饼足。素面，器表有少量黑色磨光痕迹。口径约9厘米、底径7.4厘米、最大径14.2厘米、通高12.8厘米（图五，8；照片七）；M6:3，残。泥质灰陶。敞口，圆唇，卷沿，圆肩，平底，饼足。素面，器身通体黑色磨光，器底有菱形刻划符号。口径8.9厘米、底径6厘米、最大径13.8厘米、通高10.3厘米（图五，5；照片八、照片九）。

陶钵　1件。出土于墓室中部。M6:4，残。泥质灰陶。敛口，尖圆唇，鼓腹，平底。素面。口径约4厘米，底径约5厘米、最大径约10厘米、通高5.5厘米

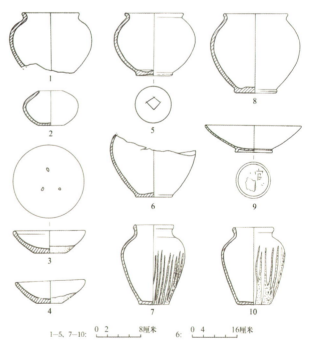

图五　M6、M7随葬器物

1、5、6、8.陶罐（M6:1、M6:3、M7:3、M6:2）　2.陶钵（M6:4）
3、4.陶碗（M7:01、M7:02）7.绿釉陶罐（M7:1）9.白瓷碗
（M7:4）10.三彩罐（M7:2）

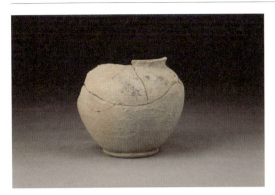

照片七　陶罐（M6∶2）

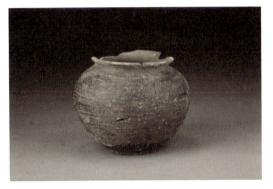

照片八　陶罐（M6∶3）

照片九　M6∶3器底

（图五，2）。

2.M7

西邻M6，带墓道砖室墓，平面呈"甲"字形，坐北朝南，墓道方向170°（图六，照片十）。墓室平面为圆角方形，由于破坏严重仅残留下部。残存墓口距地表0.6米，墓底距地表2.56米。墓圹南北通长6.56米、东西最宽3.2米。用砖均为泥质青灰色，单平面模印19道沟纹，规格36厘米×18厘米×6厘米（图七，4）。

墓道位于墓门南端，平面呈近长方形，阶梯底。南北长3.94米、东西宽0.88—1.34米、深0—1.8米。由南向北设置有九步台阶，每步台阶宽约0.22—0.4米，墓道填黄褐色黏土，土质较硬，较纯净。

墓门面宽2.24米、内宽0.88米、残高0.54米。东西翼墙用平砖逐层错缝交替砌制，两端用单层竖砖封边，内侧为甬道，未发现封门砖。

甬道位于墓室南端、墓门北端，平面呈长方形，南北进深0.9米，两壁为平砖错缝砌制，残高约0.4米。

墓室平面呈圆角方形。土圹南北长2.76米、东西宽3.2米、深1.96米，南北

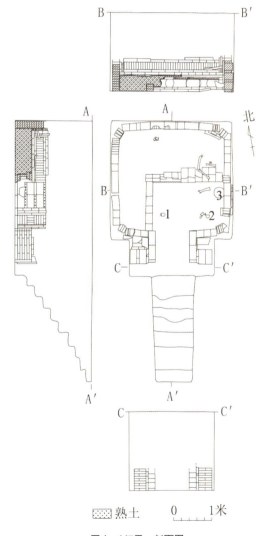

图六　M7平、剖面图
1.绿釉陶罐　2.三彩罐　3.红陶罐

照片十　M7

内长2.52米、东西宽2.74米、残高0.4—0.86米。墓底未铺砖，周壁用青砖"两平一竖"逐层错缝交替砌筑而成。

墓室内四角分别置一倚柱，为三层立砖错缝砌制而成，柱底有平砖所做的柱础，残高0.18—0.78米，倚柱南北间距2.2米，东西间距2.16—2.26米。东壁偏南有砖砌仿木结构的影作假门（照片十一），假门最底层为一层砖，做出地栿。两扇门板是用青砖"一平一竖"砌法砌制，平砖侧面做门钉，门钉共残留三排，一排8个。门板两侧是由三层立砖做出的分心柱，柱下有平砖所做的柱础。门上部分区域可见红色墙皮，惜已剥落殆尽，是否有壁画已不详。

墓室西北部设折尺形棺床（照片十二），南北宽约1.3

米、东西宽约0.84米、残高0.38米。床边壁用青砖以"两平一竖三平"砌制，北侧边沿上以5个"亚"字形砖砌制壶门，用砖规格约15×18×6厘米（图七，5）。壶门上部用平砖对缝砌制，平砖下部刻有锯齿状纹饰。

墓葬被盗扰，未见葬具。棺床东南部散落少量人肢骨，较凌乱，葬式、性别不详。

墓室内出土2件釉陶罐、1件红陶罐，靠近墓室底部的填土内出土1件"官"字款白瓷碗、2件釉陶碗。

釉陶罐　2件。M7:1，绿釉陶罐。出土于墓室中南部。口底部略残。红胎，绿釉。敞口，方圆唇，束颈，耸肩，平底。通体施釉，有流釉现象。肩部下侧有两个圆饼形垫片，底部一侧有一长条形支钉。口径6.6厘米、底径5.1厘米、最大径11厘米、通高12.4厘米（图五，7；照片十三）；M7:2，三彩罐。出土于墓室中东部。残。红胎，黄绿釉。敞口，圆唇，束颈，耸肩，平底。通体施釉，有流釉现象。底部有一长方形支钉。口径7.1厘米、底径5.8厘米、最大径11.1厘米、通

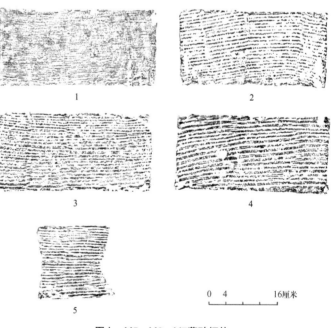

图七　M5、M6、M7墓砖拓片
1、2.M5墓砖　3.M6墓砖　4、5.M7墓砖

照片十一　M7影作假门

照片十二　M7棺床

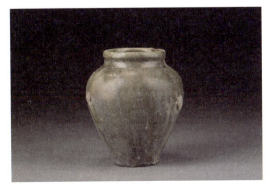

照片十三　绿釉陶罐（M7：1）

高12.9厘米（图五，10；照片十四）。

红陶罐　1件。M7：3，出土于墓室东部。口部残。夹砂，红陶，素面。罐身较大，罐体较薄。罐内有漆皮残留，推测原本罐内应有漆器，且该漆器有圈足。底径12.3厘米、残高20.6厘米（图五，6：照片十五）。

白瓷碗　1件。M7：4，残。敞口，尖圆唇，斜直腹，圈足。胎质细密，釉色莹润，白中闪青，釉面不见明显积釉现象。碗口与圈足外侧均施釉，唯底部露胎，器底有一道刮痕，刻有楷书"官"字。该碗制作精湛，壁薄透光。口径15.8厘米、底径7厘米、高4.6厘米、厚0.2厘米（图五，9：照片十六、照片十七）。

釉陶碗　2件。残。敞口，斜壁，平底。夹砂陶胎，酱釉，器内施满釉，器外施半釉。M7：01，圆唇，口沿内侧略内敛。碗内有三枚椭圆形支钉痕迹。口径12.6厘米、底径5.6厘米、高4.2厘米（图五，3）；M7：02，方圆唇。胎体较薄，

照片十四　三彩罐（M7：2）

照片十五　陶罐（M7：3）

照片十六　白瓷碗（M7：4）

照片十七　M7：4器底

器型略不规整。口径12.2厘米、底径4.3厘米、高3.6厘米（图五，4）。

三、小结

　　三座墓葬中，没有发现墓志和有明确纪年的出土器物，墓葬的年代只能根据墓葬形制和器物特征推断。M5梯形砖椁墓的形制相对少见，但在朝阳生物院①、密云大唐庄②、大兴北程庄墓地③等均有发现，年代均为唐代早期。相比于北京地区，辽宁朝阳地区隋唐时期的梯形砖椁墓发现较多，是北魏时期鲜卑木椁墓风格的遗留，有较为鲜明的地方特色④。

　　双系瓷罐也是朝阳地区隋唐墓葬中出土较多的器型，圆鼓腹的时代特征较早，房山琉璃河唐墓⑤曾出土一件与之形制、大小均极为相似的瓷罐，房山前后朱各庄遗址⑥、邢台丘家那孙建墓⑦、朝阳西大营子孙默墓⑧等均出土过此类型瓷罐，出土此类型瓷罐的墓葬最早可至隋代⑨，主要流行于7世纪后半叶至8世纪上半叶⑩。

　　结合以上，M5在墓葬形制上具有从北魏向隋唐过渡的特点，器物形制则具有唐代早期特点，由此判断M5的年代应为唐代早期，受朝阳地区影响较大。

　　M6、M7均为"甲"字形砖室墓，长方形阶梯墓道，墓室呈弧方形或圆角方形。M6倒"凹"字形棺床与大兴亦庄M2⑪、河北鸡泽郭进墓等形制相似。M7墓室形制在北京地区较为多见，墓室平面为圆角方形，墓室内有假门等影作木构，是北京地区唐代晚期墓葬的特点⑫，房山长阳⑬、大兴狼垡⑭、密云大唐庄⑮等唐代墓葬中有多座墓例与此类似。出土器物中釉陶罐、釉陶碗、陶罐都是北方地区晚唐墓葬经常出土的器物类型。M7出土"官"字款白瓷碗胎体细腻致密、胎土色白纯洁，与赵天水夫妇墓⑯出土瓷碗形制相似，器型和胎质与河北曲阳涧磁村定窑遗址及附近墓葬中出土的五代瓷器特征相似。结合两座墓葬形制及出土器物，推断M6、M7为唐代晚期至五代时期墓葬，朝阳地区的影响减弱，北京地区的本地特征更为明显。

　　墓葬出土的人体骨骼为中国社会科学院考古研究所王明辉先生鉴定。

　　发掘：王晶、朱文军、王凯
　　绘图：王晶、朱文军、王凯
　　拓片：高太发
　　器物摄影：王宇新
　　执笔：王晶

　　①韩鸿业：《北京朝阳区生物院住宅小区唐代墓葬发掘简报》，载《北京考古（第一辑）》，北京燕山出版社，2008年。

　　②⑮北京市文物研究所：《密云大唐庄》，上海古籍出版社，2010年。

　　③北京市文物研究所：《大兴北程庄墓地》，科学出版社，2010年。

　　④吕学明、吴炎亮：《辽宁朝阳隋唐时期砖构墓

葬形制及演变》，《北方文物》2007年第4期。

⑤北京市文物研究所、北京大学考古文博学院、中国社会科学院考古研究所：《1997年琉璃河遗址墓葬发掘简报》，《文物》2000年第11期。

⑥北京市文物研究所：《前后朱各庄遗址区考古发掘报告》，载《南水北调中线一期工程文物保护项目北京段考古发掘报告集》，科学出版社，2008年。

⑦辛明伟、李振奇：《河北清河丘家那唐墓》，《文物》1990年第7期。

⑧金殿士：《辽宁朝阳西大营子唐墓》，《文物》1959年第5期。

⑨辽宁省博物馆文物队：《辽宁朝阳隋唐墓发掘简报》，《文物资料丛刊》6，文物出版社，1982年。

⑩高义夫：《北方唐墓出土瓷器的考古学研究》，吉林大学博士学位论文，2019年。

⑪北京市文物研究所：《北京亦庄X10号地》，科学出版社，2010年。

⑫北京市海淀区文物管理所：《北京市海淀区八里庄唐墓》，《文物》1995年第11期。

⑬北京市文物研究所：《北京长阳唐墓发掘简报》，《文物春秋》2012年第5期。

⑭北京市文物研究所：《北京大兴狼垡地区唐代墓葬发掘简报》，《北京文博文丛》2019年第4辑。

⑯李振奇、史云征、李兰珂：《河北临城七座唐墓》，《文物》1990年第5期。

鲁迅：近代中国博物馆教育的践行者

刘　欣

博物馆作为一种文化现象，是中国社会变革与发展的产物。1905年，张謇创办了中国第一座公共博物馆——南通博物苑，开启了中国现代博物馆事业的新纪元。20世纪初的中国博物馆，其地位可以提升到救亡图存的高度，并起到启发民智、开风气之先的作用。鲁迅是新文化运动的倡导者，主张以文艺改造国民精神，他也是近代中国早期博物馆建设的参与者与践行者。鲁迅作为当时教育部的一名公务员，直接参与国立历史博物馆的筹建工作，他认真履行工作职责，并对文物进行比较深入的理论研究。鲁迅认为推广美术教育对社会有益，辅助道德提升，并从精神层面改造国民性，因此他积极主持策划多个展览，希望让博物馆、展览成为对公众进行社会教育、推动社会变革的有力工具。

一、鲁迅参与国立历史博物馆的筹建

20世纪初期的新文化运动是一场伟大的思想解放与文化革新运动，其提倡民主与科学，批判旧思想与旧文化，推动了中国社会的进步与社会变革，也带来了博物馆事业的大发展。社会变革是从器物层面、制度层面到文化层面逐层深入展开的，中国人寻求救亡图存的道路亦是从器物方面到制度方面最后转向文化方面①。文化处于社会结构最深层与最核心的位置，并具有一定的稳定性，一旦文化发生

变革，社会也会发生全面的变革。20世纪初，中国开始了自己的博物馆实践，到20世纪30年代形成了中国博物馆建设的第一个高潮。这个高潮一方面受到世界博物馆运动的影响，一方面与当时中国社会的经济、科学文化发展的需要有关。博物馆的公共性是对传统文化的一种科学的批判，博物馆对传统文化的保护与继承，在当时起到了增强民族认同感与凝聚力的作用。

国立历史博物馆，是近代中国第一座由政府筹设并直接管理的公立博物馆，博物馆的筹建离不开教育总长蔡元培的推动，而时任教育司科长的鲁迅曾参与了博物馆筹建的大量实践性工作。1912年1月，蔡元培被任命为南京临时政府教育部总长，同年2月发表《对新教育之意见》一文，其中提出的美育思想为博物馆、图书馆等社会教育机构的建立奠定基础。蔡元培最早提出了博物馆的性质是社会教育机构，是实施美育的重要机关，是普及科学知识的重要设备，是学术研究的重要参考部门，极大地丰富了博物馆学理论②。鲁迅对蔡元培的美育思想十分支持，并对该思想进行了实践与发展。1912年8月21日，临时大总统发布任命状："任命周树人为教育部佥事，此状。中华民国元年八月二十一日，荐字第肆拾玖号。"26日，鲁迅被任命为社会教育司第一科科长，按照《教育部分科规程》，鲁迅的业务范围是：主管关于博物馆、图书馆、动植物园、美术馆及美术展览、文艺、音乐、演剧、调查及

搜集古物等事项。1912年6月，民国政府考虑到京师首都尚未有专门的文物典藏部门，便开始计划筹建博物馆，以促进文物的收集和保管，并增进社会教育。由于职责关系，鲁迅参与了历史博物馆的选址、调查与搜集文物、文物保管、文物研究、筹办展览等诸多事务。在这期间，鲁迅曾亲自到国子监去视察，勘选馆址。1912年6月25日鲁迅日记记载："午后视察国子监及学宫，见古铜器十事及石鼓，文多剥落，其一曾剜以为臼。中国人之于古物，大率尔尔。"③ 国立历史博物馆筹备处于1912年7月9日在国子监成立，并逐步明确国立历史博物馆的功能与定位："历史博物一项，能令愚者智开。嚣者气静，既为文明各国所重，尤为社会教育所资。"④

1917年，教育部以设在国子监的历史博物馆 "地处偏僻，屋舍狭隘" 为由，将馆址改设在端门至午门一带的建筑内，1918年7月迁入午门城楼及两翼朝房内，鲁迅日记中记载他曾经多次前往，由于筹建历史博物馆的工作繁多，1920年去的次数最多。国立历史博物馆于1920年11月正式成立，故宫前部的端门、午门作为馆址，又经过多年筹备，1926年10月10日博物馆正式开馆。开馆当月，博物馆参观人数即达45020人次。至1926年11月7日止，开幕展览共计接待观众185714人次，占当时北京全城人口总数的十分之一，日平均参观人数为6404人次，可谓盛极一时⑤。国立历史博物馆作为中国近代的早期博物馆，将国家、皇室和私人收藏向社会公众开放，使鉴赏文物从少数人的特权变为广大社会成员可以共同享有的权利，人们在其中感受到了民主的气息，萌发了公共的意识。从开馆初期博物馆的参观人数就可以看出人们对于自由与平等教育的渴求，对于了解中国古物及历史文化的需求。大众的觉醒意识正在增强，博物馆开始成为一种特定的公共领域，成为了改造社会的一部分。1927年，教育部制定《教育部历史博物馆规程》，规定该馆为"搜集历代文物，增进社会教育"而设，又进一步明确了博物馆的教育职能。20世纪的非西方社会的博物馆是教育先行的，启蒙民众、塑造民族国家、传播革命政治话语成为当时博物馆教育的主要内涵⑥。

二、鲁迅对文化遗产的保护与研究

作为参与筹建国立历史博物馆的文物工作者，鲁迅对文化遗产非常珍视，他不仅从理论上提出文化遗产保护和文化事业发展的意见，还为国立历史博物馆征集文物、保护文物，自己也进行了大量的文物收藏与研究工作，为借鉴中外优秀文化遗产，建设新文化提供了科学的思路和规范。

1913年2月鲁迅在《教育部编纂处月刊》第1卷第1期上发表了《拟播布美术意见书》一文，结合中国的实际，指出了美术的目的和功用：美术可以表现文化、辅翼道德和救援经济，推行美术必须有利于社会："美术必有利于世，倘其不尔，即不足存。"⑦并提出播布美术的措施，建设、保护、研究的范围和方法。"建设事业美术馆当就政府所在地，立中央美术馆，为光复纪念，次更及诸地方。建筑之法，宜广征专家意见，会集图案，择其善者，或即以旧有著名之建筑充之。所列物品，为中国旧时国有之美术品。"⑧建设美术馆是"建设事业"的首位。当时的中国尚没有或者少有美术馆或博物馆，建立美术馆这样的展示空间，将历史文物或美术品进行公开展示，以启发民智，让文艺为社会而服务，是鲁迅推行美育的目的。

鲁迅的美育观点贯穿了他文物工作以及教育工作的始终。在历史博物馆筹备期间，鲁迅负责为历史博物馆筹备处征集、购买、捐赠及保管文物、整理档案，为历史博物馆的筹建工作付出了大量心血。最初，历史博物馆的藏品只限于原来存放在国子监的一些旧有文物，鲁迅等人认为这些文物虽然珍贵，但是对于建立国家级别的博物馆来说还远不足，必须多方搜集历史文物。筹备处成立之后，除对原有国子监的物品进行清理、准备陈列外，开始积极到各地区搜集古物及发掘考古现场[⑨]。1913年6月2日，《鲁迅日记》载："下午同夏司长、戴芦舲、胡梓方赴历史博物馆观所购明器土偶，约八十余事。"[⑩]记录了当时征集文物的情况。鲁迅也为历史博物馆购买过文物，日记载1921年3月23日，"为历史博物馆买瓦当二个，三元"[⑪]。鲁迅还为历史博物馆处理社会人士的文物捐赠事宜，1924年6月24日，"裴子元赠永元十一年断砖拓片一枚，花砖拓片十枚，河南信阳州出，历史博物馆藏。"[⑫]鲁迅在教育部任职期间，还负责调查"奉天清宫古物"和整理大内档案等工作。

鲁迅对文物极为珍视，曾彻夜未眠亲自进行守护。为筹办1914年莱比锡"万国书业雕刻及其他种专艺赛会"，德国派米和伯向历史博物馆筹备处借取展品。展品以墨迹、书籍为主，由于中国的纸墨印刷方面在世界上历史最久，被列为展出首位。米和伯与当时的教育总长汪大燮取得联系，要求一方面通过教育部向历史博物馆借展品，另一方面向社会征集。由此历史博物馆的展品被送往教育部存放，鲁迅在1913年11月20日日记上写道："历史博物馆送藏品十三种至部，借德人米和伯持至利俾瑟雕刻展览会者也，以其珍重，当守护，回寓取毡二枚，宿于部中……不眠至晓。"[⑬]鲁迅整夜对藏品进行守护，直到第二天米和伯将展品取走。这是国立历史博物馆自筹备以来首次将藏品公开展览。

鲁迅一直以来都非常重视文物，他自己就搜集了大量珍贵文物并进行研究，他购买过古代钱币、陶俑、汉代画像拓片与善本古籍。1923年7月23日鲁迅捐赠了一件自己购买的文物："上午以大镜一枚赠历史博物馆。"[⑭]目前北京鲁迅博物馆基本陈列中就展示着鲁迅捐赠的这枚铜镜。该铜镜背面有篆书"福禄寿喜"四字，因而称"福禄寿喜"铜镜。镜中间部位有一钮，上有"薛晋侯造"四字，"薛晋侯"是"湖州镜"著名商号。"湖州镜"不具备汉唐时期铜镜的精美图案和纹饰，多是素地无纹或仅有简单铭文。鲁迅捐赠的这枚铜镜仅有铭文，正是明代"湖州镜"。与这件铜镜并排陈列的还有一件瓷碗，该瓷碗为白底蓝色"寿"字花，名为"青花寿字瓷碗"，碗底有一方形符号，是窑厂的戳记。据专家鉴定，此碗为明末或清初民间窑厂制作的产品（图一）。鲁迅日记中记载了1915年4月11日在北京琉璃厂购得瓷碗。据史树青先生介绍，原中国历史博物馆的旧账中，所记"青花寿字瓷碗"名下确有注明"周豫才先生赠"的字样，又据当年历史博物馆的老先生回忆是与捐赠铜镜的时间相近[⑮]。1956年鲁迅博物馆

图一　鲁迅捐赠给历史博物馆的明代铜镜与青花寿字瓷碗

建馆时，中国历史博物馆将上述镜调拨给鲁迅博物馆，其后一直在鲁迅博物馆陈列厅展出。鲁迅对古代铜镜也颇有研究，收藏四十多种古镜拓片，但现仅存此一件实物铜镜。1925年，曾作《看镜有感》一文，后收入杂文集《坟》。

鲁迅对古物的收藏兴趣从他在日本求学时就开始了，当时他喜欢逛神田的旧书店。到北京任职后，鲁迅看不惯衙门习气，加之自身工作的特点，他开始了对古籍的考证、纂辑、核勘工作[16]。他收集了大量的古书，并且十分珍惜，经常委托琉璃厂本应堂修缮古书，还自己购置修书工具亲自修缮。鲁迅对石刻艺术也非常有研究，他认为要了解我国古代社会的风俗习惯、制度文化，除了看古书，还要看些画像石、碑文之类表现形象的东西。他在琉璃厂搜集了大量画像拓片，其中重点是汉画像，唐以前的碑帖拓片，六朝造像及少量的秦汉砖、瓦当拓片。鲁迅购买这些古物的目的，一方面是收藏保护文物，一方面是进行深入研究。鲁迅多从美术考古的角度去搜集整理汉画像拓片，对汉画像的收藏与研究是他一生的爱好，曾多次计划将收集的汉画像石拓片整理出版。为此，鲁迅做过大量的工作，1926年前，就着手集成《汉画像考》，并计划编印出版，但未能完成。鲁迅曾想编一部《越中专录》，已收集的古砖实物有20余件，后未成书。1924年编就的《俟堂专文杂集》，即是在这十余年收藏积累的基础上选编完成的。此外，鲁迅还搜集了大量古钱币，新出版的金石学著作都及时购买，进而深入研究。在鲁迅的收藏中，艺术价值最高的是原拓版画，他收藏版画的目的更是为了让艺术有利于社会，推动中国革命。

三、举办展览：为教育与启迪

近代中国第一批的博物馆建设是为了实现一定使命而自觉创建的，如苏东海先生所说，中国博物馆从一开始就是使命型的博物馆，政府和有识之士认为博物馆的科学价值和教育价值是社会改造所需要的，作为这种价值载体的博物馆正是适应了这种需要而在中国得以诞生和发展的[17]。博物馆是一定时代的经济、政治、文化和科学的产物，救亡图存，开启民智，教育大众，是近代中国博物馆的建立宗旨。从全球范围的思想史与社会史角度看，收藏是博物馆出现初期的唯一职能；17—19世纪伴随科学革命和工业革命的发展，科学研究职能兴起；19世纪以后，社会教育职能发展，与收藏、研究职能构成了现代博物馆三职能融合体。因此，博物馆对物的收藏是本质，对物进行研究与阐释，进而施行社会教育是目的。国立历史博物馆就是在收藏、科研和教育职能明确的背景下建立的。鲁迅作为社会教育司负责博物馆筹建的公职人员，参与了博物馆的文物征集工作，同时依据自己的爱好收藏了大量古物，并进行了深入的研究，而收藏与研究需要与教育相结合才能发挥博物馆的社会作用，因此，最基本的实现教育目的的实践方式就是举办展览，鲁迅在教育部期间曾经参与筹办两个展览，并带学生参观过博物馆，他离开教育部之后，还以"艺术为大众"的教育目的举办过多次展览。

从博物馆学的角度看，博物馆教育是根据博物馆的陈列展览、藏品以及相关材料,运用多种形式和方法,向广大观众传播科学、历史、文化知识,进行理想、道德和审美教育[18]。在历史博物馆筹备处成立之后，举办展览是进行审美及文化教育的首要方式。1912年9月，民国政府教育部决定在次年举办"全国儿童艺术展览会"，展览具体工作由分管博物馆、展览会的第一科主要负责，鲁迅从一开始就参加了这个展览会的筹备工作。1913年3月31日鲁迅日记载："午后同夏司长及戴螺舲往全浙会馆，视其戏台及附近房屋可作儿童艺术展览会会场不。"⑲最终选定了教育部礼堂作为展览会场，随后着手布置，11月6日："午后同稻孙布置儿童艺术品。"⑳后因为爆发"二次革命"，展览会延期至1914年4月21日在教育部礼堂开幕，展出了字画、玩具、刺绣等，展出时间两个月。鲁迅经常到会场值班，甚至周末都不休息。据了解当时情况的人说，搞这样的展览会在教育部还是第一次，许多参加工作的人不知如何着手进行，如果不是由鲁迅等几个人指挥布置，那就不知弄成什么样子了㉑。鲁迅日记中多次记录鲁迅到展览会办事，下午五六点才下班回家，展览开幕后，日记记载到会场现场的次数有五次，其中5月份就去了四次。展览会结束后评选出甲等奖151人，乙等奖423人，出版《全国儿童艺术展览会纪要》，后选出125件展品参加巴拿马太平洋万国博览会。鲁迅还参加了举办"全国专门以上学习成绩展览会"的相关工作，展览会于1915年8月开始筹备，鲁迅被派为干事，在展出期间，具体事务繁多，依然是星期天都不能休息，参加展出的共有全国68个学校，展出的时间为1916年3月15日至4月14日，为期一个月。

由于当时国立历史博物馆还处于筹备期，鲁迅在教育部任职期间参与筹备的展览并不是博物馆的常规展览，但这些工作为他后来举办版画展览打下了基础。1926年8月，鲁迅离京南下，不再担负教育部的职务，他把时间和精力都投入到社会文化变革与教育青年上面。鲁迅是新兴木刻运动的奠基者和倡导者，他通过各种方式在推行着美术教育理念，其中举办展览就是教育方式之一。鲁迅独立举办了以下三个展览：1930年10月4日至5日，在上海北四川路狄思威路日侨"购买组合"第一店二楼，举办中国最早的新兴版画展览"世界版画展览会"；1933年10月14日至15日在上海北四川路施高塔路千爱里40号，举办"德俄木刻展览会"；1933年12月2日至3日在上海老靶子路日本

基督教青年会，举办"俄法书籍插画展览会"。鲁迅自己举办的展览，多是将自己多年收藏的外国原拓版画作为展品公开展出，目的是将各国的优秀作品介绍给国内的木刻青年，给青年以借鉴和启迪。此外，鲁迅参与策划了1931年"十八艺社习作展览会"；在鲁迅的帮助下，1934年3月以"革命的中国之新艺术展览会"为题的中国绘画展览在法国毕埃利画廊展出；1934年底，鲁迅指导"全国木刻联合展览会"展出、寄送展品。鲁迅认为"展览会很有益于美术家，在那里可以增加他们的艺术兴趣，同时也锻炼了鉴别作品优劣的欣赏能力。因为单看一幅画，不容易分辨好坏，比较看来，优劣立见"㉒。鲁迅认为，看原作的展览可以锻炼鉴赏能力，提高审美能力，甚至可以激发创作热情与增强民族国家意识。

鲁迅在北京教育部任职期间，曾在八所大、中学校兼课，其间他曾带学生参观国立历史博物馆。1925年4月20日，"午后往女师校讲，并领学生参观历史博物馆。"㉓当时去参观的许广平在《青年人与鲁迅》这篇回忆文章中讲述了这件事："原来这个博物馆是教育部直辖的，不大能够走进去，那时先生在教育部当金事，所以那面的管事人都很客气的招待我们参观各种陈列……有各种铜器，有一个还是鲁迅先生用周豫才名捐出的。其他平常看不到的东西真不少，胜过我们读多少书，因为有先生随处给我们很简明的指示。"㉔从此段回忆录中可以看出展览受到了大众的欢迎，博物馆也发挥出了学校以外教育机构应有作用。

在《拟播布美术意见书》中鲁迅明确提出了推行美育的社会意义。他对美术馆、美术展览会、文艺会、剧场等传播美术与实施美术教育的公共场所的解读，是建立在唤醒民众、提高民众审美情趣的时代发展需求上的，这也与博物馆的教育职能相契合㉕。展览的公共性，让更多的公众获得了平等受教育的机会，真正实现了

"艺术为大众"服务。在鲁迅所生活的年代，博物馆、各种展览会成为了对公众进行社会教育的工具，希冀起到唤起民族自我觉醒、改造国民性的作用。

四、结语

近代中国的博物馆建设都具有社会教育先行、塑造国民公共意识、构建民族国家观念的倾向，蔡元培提出博物馆在校外教育和美育方面的重大功用，鲁迅则投身于早期博物馆的建设，并且自觉从理论高度对博物馆及其展览进行思考和认识，阐扬博物馆在美育方面发挥的作用，提出推行美育的举措。尽管鲁迅在教育部任职期间，国立博物馆还没有正式开馆，但是他的工作职责已经包括了文物征集、文物保管、科学研究、陈列展览与社会教育等方面，可以说鲁迅是近代中国博物馆建设的践行者。虽然鲁迅后来没有继续从事博物馆方面的工作，但是他始终秉承着教育青年的理念，把美术教育置于改造国民性的目标之内，通过倡导新兴木刻运动、举办展览会等方式，将革命性的美术作品进行公开展示，展览始终保持教育与社会公益的目的。鲁迅要求艺术家的作品"令我们看了，不但欢喜赏玩，尤能发生感动，造成精神上的影响。"[26]为了中国革命的需要，强调文艺为人生、为农工、为社会服务的思想。由此可见，鲁迅等中国近代的文化精英已经将博物馆作为推动社会变革的工具，将展览作为实现社会教育的手段。而当代中国的博物馆事业较之过去，有了非常大的发展，博物馆的类型以及博物馆的业务活动都在不断拓展，但是博物馆的本质属性与基本职责没有变，近代中国早期博物馆建设的理念与精神依然值得思考与借鉴。

①陈为：《博物馆与中国近代社会变革研究》，中国艺术研究院2011年硕士毕业论文，第11页。

②秦素银：《蔡元培的博物馆理论与实践》，《中国博物馆》2007年第4期。

③鲁迅：《壬子日记》，《鲁迅全集》第14卷，人民文学出版社，1981年，第6页。

④《中央纪事：历史博物馆之筹备进行》，原文载于《教育周报》（杭州）第48期，1914年8月15日。

⑤李万万：《国立历史博物馆开馆后展览制度的累积》，《文物天地》2015年第12期。

⑥尹凯：《博物馆教育的反思——诞生、发展、演变及前景》，《中国博物馆》2015年第2期。

⑦鲁迅：《集外集拾遗补编·拟播布美术意见书》，《鲁迅全集》第8卷，人民文学出版社，1981年，第47页。

⑧鲁迅：《集外集拾遗补编·拟播布美术意见书》，《鲁迅全集》第8卷，人民文学出版社，1981年，第48页。

⑨李万万：《国立历史博物馆筹备初期的展览研究》，《文物天地》2015年第11期。

⑩鲁迅：《癸丑日记》，《鲁迅全集》第14卷，人民文学出版社，1981年，第61页。

⑪鲁迅：《日记第十》，《鲁迅全集》第14卷，人民文学出版社，1981年，第413页。

⑫鲁迅：《日记十三》，《鲁迅全集》第14卷，人民文学出版社，1981年，第502页。

⑬鲁迅：《癸丑日记》，《鲁迅全集》第14卷，人民文学出版社，1981年，第82页。

⑭鲁迅：《日记十二》，《鲁迅全集》第14卷，人民文学出版社，1981年，第460页。

⑮叶淑穗、杨燕丽：《从鲁迅遗物认识鲁迅》，中国人民大学出版社，1999年，第423页。

⑯陈国民：《鲁迅和北京琉璃厂》，《文史精华》2001年第2期。

⑰苏东海：《博物馆的沉思——苏东海论文选（卷一）》，文物出版社，1998年，第5页。

⑱安来顺：《当代博物馆教育理念辨析》，《北京博物馆学会第四届学术会议论文集》，北京燕山出版社，2004年，第33页。

（下转第110页）

开启城市生活3.0时代

——北京发展博物馆之城初探

孙　淼　　刘元瑞

2020年5月18日，北京首次提出了"打造博物馆之城"这一目标，笔者认为，北京博物馆建设目前处于探索期到多元融合期的过渡与转型，要与城市建设协同发展，在采取多样性展览、展示方式的同时，让博物馆的文化与元素与城市建设同步，使探索博物馆作为一种普通百姓的生活方式，为打造博物馆之城及今后博物馆之城的延续性发展提供物质基础。

一、北京博物馆业态发展情况

新中国成立以来，北京乃至全国的博物馆建设有了飞跃式的发展，梳理博物馆发展的脉络，可以分为建设期、探索期、融合期三个阶段。

1.建设期：从数量到质量的飞跃

新中国成立之初至1996年，中国境内博物馆总数量为1219个。从1996年开始，中国博物馆规模逐年快速增长，2010年，博物馆数量达到2435家；2017年，全国博物馆数量为4721家；2018年，我国博物馆数量达到了5100家（图一）。

北京地区作为全国的政治文化中心，文博产业的建设与发展一直走在全国的前列，从1949年到1996年，北京建设成立博物馆73家（备案数量），到了2020年，北京地区备案并正常开放博物馆达到了275家。从1996年到2020年期间，北京地区博物馆不仅在数量上有了巨大增长，更是在质量上有了突破式的飞跃。在这一阶段，

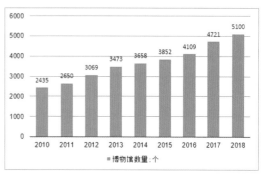

图一　2010—2018年我国博物馆数量走势
（数据来源：《2020—2026中国陕西省博物馆行业市场发展规模及投资前景趋势报告》）

博物馆的类型与展览展示题材呈现出多元化的特点。首先，民营资本的加入，打破了博物馆从藏品、展品、人员、管理等全部国有化的局面，为博物馆自身多元化发展开辟新方向的同时，从侧面刺激了国有博物馆在诸多方面的改革方向与力度，如：藏品、展品的科学管理，人员的优化与使用，展览展示手段与文化产品的推陈出新等。其次，更多行业类、专题类博物馆的出现，不仅丰富了城市记忆的痕迹，更突破了人们以往对博物馆只能收藏、展示文玩艺术品等的固有认知。曾经如象牙塔一般的博物馆逐步与人民群众的文化生活连接在一起（图二）。

2.探索期：从单一产品到运营模式的转变

在这一阶段，博物馆从业人员通过努力探索，采用各种方法让博物馆文化与展览方式更加贴近人民群众的实际生活。从最初的"走出去，请进来"、发传单、搭

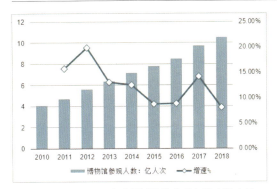

图二　2010—2018年我国博物馆参观入馆人数走势
（数据来源：《2020—2026中国陕西省博物馆行业市场
发展规模及投资前景趋势报告》）

样性展览、展示方式的同时，通过博物馆IP运营和文创产业规模化驱动，以及通过信息化手段实现信息发布、宣传推广，其中最重要的环节是与民众互动，让博物馆生活与城市日常生活相融合，博物馆作为一种生活方式，逐步融入越来越多人的日常之中（图四）。人民群众不再是博物馆

大棚等宣传推广方式，到今天通过手机移动客户端实现精准的推广与互动。博物馆的文化产品，也从单一的纯产品拓展到云博物馆、线上活动体验等多种表现形式。如，2020年夏秋之际，北京多家博物馆在重点节假日开设夜场专场，在充分利用文博资源多角度进行展览展示的同时，丰富了人们夜间文化生活（图三）。同期，多家博物馆还通过微信公众号、抖音、快手等平台在网络上直接对展览、馆藏品进行视频直播互动，拉近了人与物、人与馆的距离。人们对博物馆的感觉从抬头仰望，到欣然前往，进而发展成为足不出户的虚拟现实转化式"巡游"。

图三　北京文博交流馆夜场活动

3. 多元融合期：从运营博物馆到经营生活

这一阶段笔者暂定义为博物馆"3.0时代"，就"博物馆城市"而言，人们更多的是生活其中、参与其中、经营其中。2020年"5·18国际博物馆日"期间，北京首次明确提出了"打造博物馆之城"的目标，并推出94项主题活动。北京市文物局党组书记、局长陈名杰对此评价道："这是新形势下首都文博事业发展的新目标，也是北京推进全国文化中心建设的重要内容和载体。通过'博物馆之城'的建设让广大市民和游客随时随地走进博物馆，感受博物馆的文化魅力。"　政府部门主导下的"博物馆之城"建设，让人们拥有更多的责任感与使命感。博物馆本体采取多

图四　文博爱好者在博物馆的抖音直播

文化的旁观者与学习者，他们更多的是作为建议者、建设者、经营管理者与传承者。"博物馆城市"从遥不可及变成了近在咫尺，从大而化之的概念变成了近在眼前的福利。

二、现阶段北京地区博物馆与城市建设发展的特色与方向

根据中共中央、国务院关于对《首都功能核心区控制性详细规划（街区层面）（2018年—2035年）》的批复，北京是全国政治中心、文化中心和国际交往中心的核心承载区，是历史文化名城保护的重点地区，是展示国家首都形象的重要窗口地区，是体现大国首都民族文化自信的代表地区，是体现中华优秀传统文化的代表地区。

经济学家迈克尔·波特提出："植根于文化的优势是根本因素，是最难以替代模仿的因素，是最持久和最核心的优势。"《国家新型城镇化规划（2014—2020）》中也提出"传承和弘扬优秀传统文化，推动地方特色文化发展，保存城市文化记忆"的人文城市建设理念。由此可见，在文化传承过程中彰显城市形象、塑造城市品牌、打造城市内涵，是当前城市发展的重要方向。北京具有3000多年建城史、800多年建都史，历史文化底蕴无疑是难以替代的核心优势。北京地区的博物馆作为北京地域特色文化的重要载体，在加强博物馆自身建设过程中参与北京城市的全面建设，因此，具备更加专业化和国际化的特点。

随着"博物馆热"的日益升温，博物馆的社会功能也随着社会需求不断拓展和延伸。北京博物馆学会理事长刘超英认为："下一步北京需要在梳理资源的基础上进行顶层设计，动员全社会力量广泛参与。"就国家层面而言，博物馆作为传播中华文化、提升国家形象、增强文化和道路自信、促进世界文化交流互鉴的重要载体；就社会层面而言，博物馆是服务社会经济、保障民生、促进社会和谐的重要组成部分，因此，应发挥博物馆在带动区域经济发展、服务民生、加强城乡一体化建设、丰富民众生活等方面的积极作用；就个体层面而言，博物馆是承载人类文明和记忆的精神宝库，是孕育文化、弘扬文化的知识宝库，因此，在加快公共文化服务体系建设中，应积极探索多元化的传播方式，多渠道建立传播途径。构建政府指导、机构参与、民众互动的文化业态环境，为满足人民群众日益增长的精神文化需求、促进文化和区域经济发展做出新的贡献。

三、开启博物馆城市生活3.0时代

博物馆作为城市印记的承载者与传承者，不仅凝聚着独特的城市文化气韵，更是所在城市不可替代的文化符号。在开启博物馆城市生活3.0时代之际，各博物馆应充分发挥自身优势，积极探索将文化符号融入日常生活，塑造特色城市大文化氛围。而市民也自发读解、吸收并宣扬"博物馆之城"的城市文化，使古都北京作为"博物馆之城"的城市文化形象更加鲜明。

1. 大力发展"云展览"，足不出户漫游博物馆

随着博物馆数字化建设的不断深入，沉睡的文物通过线上展览、线上直播等"活"起来，满足了大众日益增长的文化需求。2020年新冠疫情期间，各大博物馆加速推进线上展览与数字化资料库建设的进程，多家博物馆推出线上展览、线上直播等丰富多彩的"云端"活动：故宫博物院推出"贺岁迎祥——紫禁城里过大年"、中国国家博物馆推出"伟大的变革——庆祝改革开放40周年大型展览"等线上展览；周口店北京人遗址博物馆、中国园林博物馆、北京古代建筑博物馆、北

京市大葆台西汉墓博物馆等推出线上360度全景展示；北京文博交流馆、中国电影博物馆、大钟寺古钟博物馆等开展直播活动（图五），观众可享受"一对一"讲解畅游博物馆。"云展览""云漫游"将成为博物馆今后发展的趋势。

2. 大力开展"文博+"文化服务，提升文博与生活的融合度

首先，以发动学生志愿者传播北京博物馆文化为主题，把文物博物馆传统文化宣传与爱国主义教育、德育教育结合起来，成为北京"文化中心"建设的新途径和落实"家、校、政、社"形成合力创新文化素质教育的新模式（图六）。其次，随着当前人工智能技术发展，以用户体验、服务设计为代表的移动服务理念日益凸显，公共文化服务迎来了理论创新与实践改革的良机。2020年，北京市文物局所属的北京文博交流馆联合"我听APP"及北京部分中小学，合作开展了公益性校外青少年互动项目——"我听北京文化小

图五　云游博物馆（智化寺）网络直播

使者"活动。利用社会资源的广播平台，开创性地开展"童声读北京"活动，旨在开拓文化素质教育新模式，丰富学生课余生活，让孩子们在自发学习和探索博物馆中的古代科技与传统文化的同时，利用广播平台去记录、读解博物馆中曾经发生与正在发生的故事。孩子们的主动参与，不仅让孩子能够自发地系统学习与探索博物馆，更通过"小手拉大手"的方式，带动成年人（父母）一起主动去探寻博物馆中的亮点。而通过"我听APP"的便携记录与播放，让孩子大胆说话的同时，主动承担起北京"传统文化小使者"的宣讲职责，在广播中与听众共同分享北京城市的历史与文化，活态记录并分享"博物馆之城"生活的点滴，完成博物馆与人、博物馆与生活的完美融合。

3、融入式"博物馆之城"生活

作为全国文化中心，北京拥有近200家注册备案并正常开放的博物馆、百余处革命文物挂牌单位（2021年北京市公布第一批革命文物158处）及中心城区外围的大量文化遗存保存及展示地点，文博体系较为完整、类型丰富多样、资源特色鲜明。借助现代科技的翅膀，以点带面，梳理、整合与继承我们的地域传统文化、革命文化与社会主义先进文化，将古老又现代的北京城建设成为一座大型"博物馆城市"。人们生活在"博物馆之城"之中，担负着记录与传承北京城市发展信息的责任，在生活与建设中促进首都文化的繁荣，不断提升首都城市文化内涵，活态

"家、校、政、社"形成合力
创新"博物馆之城"文化素质教育新模式

学校+志愿者平台	北京市博物馆	我听App平台	社会网络
对学校师生进行项目宣讲	博物馆主管部门统筹各博物馆支持本项目	提前建立博物馆和个人播客专栏	便于社会大众广泛传播播客内容
发动"文化小使者"志愿者报名	可以组织针对本项目的专题展	播客内容组成：博物馆介绍 专家讲解录制 学生创作作品 门票预订 其他商务服务 文博商品销售	微信、微博抖音、快手论坛、社群网站资讯等
录入整理志愿者信息	配备适合少儿的讲解员		
培训作品制作和平台使用方法、上传测试	提高安全工作标准收集反馈需求、快速解决问题		

图六　"家、校、政、社"合力创新文化素质教育

展示北京的城市文明。参与北京生活的人们接受传统文化、革命文化与社会主义先进文化的熏陶，在自发探究学习与宣讲的同时，培养文化心理与文化态度，更是培养博大的中华文化胸襟，增强文化自信。融入式"博物馆之城"生活开启城市生活3.0时代。

四、结语

博物馆是文化殿堂，是衡量一座城市文明程度的重要标尺。20世纪70年代开始，将博物馆打造为城市地标，是西方国家以文化引领城市经济复兴的重要手段，博物馆不仅仅是建筑和展品的陈列，更承载着建设"文化中枢"的主导作用。建设"博物馆之城"不仅是对北京文博事业的战略规划，也是加快推进北京全国文化中心建设的内在要求，应充分发挥"博物馆之城"的民族文化引领作用，塑造博物馆之城的城市形象，提升城市生活品质。随着博物馆城市生活3.0时代的开启，博物馆作为普通百姓的一种生活方式，民众生活其中、建设其中、管理其中、传承其中，更将我们民族精神熔铸其中。首都北京深厚的文化底蕴与文化自信将通过"博物馆之城"的建设和展示而绽放光芒，成为展现大国形象的"文化名片"。

（作者单位：中国文化遗产研究院、中国外文局）

（上接第105页）

⑲鲁迅：《癸丑日记》，《鲁迅全集》第14卷，人民文学出版社，1981年，第51页。

⑳鲁迅：《癸丑日记》，《鲁迅全集》第14卷，人民文学出版社，1981年，第22页。

㉑孙瑛：《鲁迅在教育部》，天津人民出版社，1979年，第34页。

㉒马蹄疾：《鲁迅讲演考》，黑龙江人民出版社，1981年，第355页。

㉓鲁迅：《日记十四》，《鲁迅全集》第14卷，人民文学出版社，1981年，第542页。

㉔许广平：《青年人与鲁迅》，《鲁迅回忆录》（中册），北京出版社，1999年，第720页。

㉕刘欣：《展览会：鲁迅的美术教育实践》，《鲁迅研究月刊》2019年第1期。

㉖鲁迅：《热风》，《鲁迅全集》第1卷，人民文学出版社，1981年，第330页。

（作者单位：北京鲁迅博物馆）

北京先农坛清代耤田（一亩三分地）文物保护展示工程

孟 楠

北京先农坛位于中轴线南端西侧，是明、清两代皇帝祭祀先农、太岁、天神、地祇诸神及举行亲耕耤田典礼的场所。先农坛内的耤田是明、清两代皇帝扶犁亲耕表率臣民之地，是祭祀先农耤耕典礼仪式的核心。由于历史原因，1949年以来一直作为育才学校校区的一部分使用，耤田与观耕台长期分割，难以统一规划利用。恰逢中轴线申遗工作大力推行的今天，耤田遗址已重新收归先农坛所有。2019年，北京先农坛清代耤田文物保护展示工程已完成，通过对历史文献、考古发掘结果的梳理和分析，衔接相关规划文件，结合耤田保护展示利用目标，明确本次文物保护展示内容、方式，制定本次工程方案，本文拟就此工程的工作思路做一些梳理。

一、耤田的保护研究

上溯至周代，天子扶犁亲耕的礼仪即被确定下来，而以耤田之日祀先农之礼始自汉代，逐渐合称为"耤田享先农"。天子扶犁亲耕的田地称为"耤田"，在耤田中举行的以天子亲耕为核心内容的仪式称

为"耤田礼"。皇帝表率臣民，通过亲身劳作，产出的粮食以供粢盛。

1. 耤田享先农礼祭祀路线

清代祭祀路线，以光绪帝为例：皇帝从紫禁城出，由外坛先农门进入，向西通过内坛东门，沿御路绕过观耕台，向西然后北折至先农坛，祭祀完毕，至具服殿更换龙袍以进行耕耤礼，皇帝于耤田亲耕，亲耕完毕，于观耕台观看三公九卿从耕。如皇帝首次亲耕，耤田礼成后由内坛东坛门达庆成宫行庆贺礼，后起驾出先农门回宫（图一）。

2. 耤田及帝耤

耤田的面积并非是常数。明代的耤

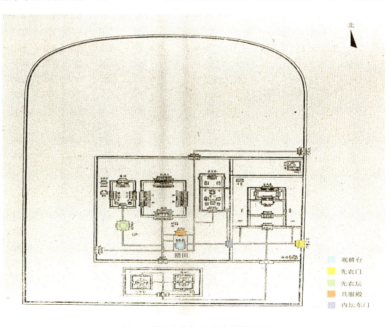

图一 《清会典》中的先农坛总图

图二　观耕台老照片

田指的是数百亩的土地。直至清代，耤田已明确指为观耕台（图二）前的一亩三分地，皇帝亲耕之田，又称为"帝耤"。

《清会典图》载："观耕台方五丈，高五尺……台前为耤田一亩三分。"①

《清会典事例》载："凡耕耤之礼，置耤田于先农坛之东南，中为帝耤，筑台于耤田北，为皇帝观耕之位。"②

《清会典》卷三五载："亲耕之田，长十一丈，宽四丈。"③

由此我们可得知，清代耤田的面积为一亩三分，皇帝亲耕的仪式在耤田核心区域举行，其长为十一丈，宽四丈。

那么，清代的一亩三分，如何换算成现代的面积单位呢？

《清会典》卷十七："凡丈地五尺为弓，二百四十弓为亩。"④

《清朝文献通考》："'顺治'十二年（1655年）颁布铸弓尺于天下，广一步，纵二百四十步为亩。"《户部则例》："每亩直测之，为横一步，纵二百四十步；方测之，为横十五步，纵十六步。"⑤

由此我们可推算出清代耤田及天子亲耕的区域，按照清制折算，"耤田"面积约800平方米，其中，天子亲耕区域的面积约451平方米。

3.清代皇帝躬耕位次图

首先，耤田正中

为皇帝亲耕的区域，又称为"帝耤"。

"……陈耕器农器于观耕台下东西，耤田之北正中为皇帝躬耕位，户部尚书一人在右，顺天府尹在左，礼部官一人……"⑥

其次，皇帝亲耕区域东西两侧各有一处"礼仪仪仗区"，分别是耤田礼流程所需的人员和礼仪用品，分别有后扈、前引、署正、御史、鸿胪寺官员等。礼仪仗区的东西两侧为三王九卿从耕的区域。

"工歌禾词者十人，司金司鼓司板司笛司笙司箫各四人，麾五色采旗者二十人，俱于耕所排立，顺天府耆老十有九人，上农夫中农夫下农夫披蓑带笠执钱镈者六十人，东西序立，署正一人立于北，东面，鸿胪寺鸣赞二人，分东西面立，立侍御史二人，分立鸣赞官之北，亦东西面……"⑦

最后，观耕台与耤田之间的道路，为王公大学士及三品以上官员站立的"礼仪区"，亦会陈放农耕器具（图三）。

"……记注官四人，立观耕台南阶下之西，东面，不从耕王公大学士及三品以上官，夹台东西隅翼立，礼部麾旗官，立台下东南隅，西面。"⑧

4.耤田周边历史环境变迁

雍正帝珍重农功，通过《雍正帝先农坛亲耕图》可以清晰地重现当时的场面。图中建筑物从右至左依次为：具服殿、仪门、观耕台，观耕台左侧即为耤田。然而图中有几处建筑与现状不太一致，一是具

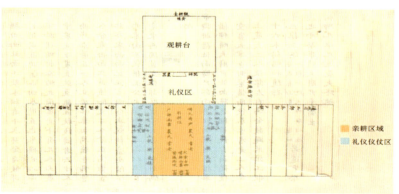

图三　皇帝躬耕位次图

图四　雍正帝先农坛亲耕图卷（现藏于法国吉美博物馆）

服殿与观耕台之间有一仪门，现已无存。二是观耕台为木质而并非现状的砖石制（图四）。

先农坛建坛伊始，于具服殿南侧即建仪门，仪门是天子观看王公大臣从耕的场所。嘉靖十年（1531），有大臣上奏"其御门观耕，地位卑下，议建观耕台一"，于是嘉靖帝下令建造木质观耕台，天子观耕移至木质观耕台，仪门闲置。乾隆十九年（1754），下令将仪门拆除，观耕台改用砖石制造，保存至今。

依《雍正帝先农坛亲耕图》所示，具服殿以北、耤田以南布置松柏，然而在乾隆帝以后前坛内并非此景。自永乐建立先农坛之后，坛内留有大面积空地雇佣农民耕作。乾隆十九年，乾隆帝下令取消护坛地的耕种，坛内广植松、柏、榆、槐。至此，先农坛内的面貌发生了改变，坛内松柏成荫，遂有绿树葱茏之貌。

然而到了清代末期，先农坛逐渐衰落。1915年，先农坛正式辟为公园，初名先农坛公园，并在观耕台附近设置花圃，广植花木。1919年，先农坛的南北两园合并，统一称作"城南公园"。1949年，华北育才小学（今育才学校）迁入先农坛。

进入上世纪80年代，在社会各界人士的强烈呼吁下，北京市文物局宣布在先农坛太岁殿成立"北京古代建筑博物馆筹备处"。90年代，北京市政府将先农坛观耕台以东以南（含耤田区域）划分给北京育才学校，观耕台以西以北（含观耕台）划分给北京古代建筑博物馆。之后，北京古代建筑博物馆逐步收回先农坛内坛大部分文物建筑，并对其进行全面修缮。2001年先农坛被公布为第五批全国重点文物保护单位。

二、耤田的保护

（一）相关规划指导意见

《北京中轴线申遗综合整治规划实施计划》（送审稿）中，有如下几条与本工程相关：1.核心建筑群保护：近期对"一亩三分地"区域进行考古调查，探明用地范围，恢复观耕台前"一亩三分地"的历史景观；2.核心建筑环境整治：对先农坛内坛区域进行考察调查，重点研究历史坛路位置、走向和铺装材料与形式，基于考古结果，研究论证内坛历史道路格局的保护和展示方式；3、内部历史道路系统保护和环境整治：形成完整的参观线路，恢复原有祭祀线路。

（二）考古发掘

2018年9月至12月，市文物局依法组织北京市文物研究所对先农坛清代耤田（一亩三分地）遗址开展了考古发掘和科技考古工作。

1.亟待考古解决的问题

（1）观耕台与耤田之间历史道路的宽度、铺装材料及做法。

（2）耤田的范围，是否与文献记载一致？

2.考古发掘结果

考古发掘范围为北至观耕台南，南至遗迹边界，本次考古实际发掘面积约800平方米，清理出礼仪区（观耕台与耤田之间历史道路）、耤田遗迹及八角形建筑基址。

（1）礼仪区

礼仪区范围的确定是此次考古发掘的重要发现。观耕台与耤田间的历史道路被破坏较严重，仅存底部三合土垫层和部分砖墁地。道路南边界较清晰，距观耕台南台阶约6.5米。东、西两侧延长线道路遗

图五　礼仪活动区砖墁地

图六　八角形建筑基址

迹已超出本次工程范围。

灰土垫层：礼仪区底部为素土夯实，上层为三合土，三合土含灰量较高，厚0.15米，质地坚硬，与周边其他三合土有较大差异。

砖墁地：观耕台南西侧三合土上残存少许青砖垫层，砖规格为：480×240×120毫米（其尺寸与清代官窑墁地尺寸接近）、420×220×120毫米两种规格。

从照片上看，横向道路为观耕台与耤田间历史道路的向西延长线。但由于砖的规格不统一，且从标高上来看应不是最上层砖，故这层砖墁地有可能是此条道路的垫层用砖（图五）。

（2）耤田遗迹

耤田遗迹位于礼仪区南侧，由于后代施工影响，有多处管沟破坏了耤田遗迹。其上部已被破坏，仅剩约20厘米厚，土质较纯净。

耕土层虽已遭到破坏，但我们对后续的科技考古仍抱有期望。耕种过程中的施肥、浇水，对土壤的化学结构会产生变化，通过检测土壤结构，判断土壤原有的功能，找出耕土与非耕土的不同，确定不同功能分区的证据。

（3）八角形建筑基址

八角形建筑基址（图六）位于耤田遗迹之中，其平面呈八角形，现状为局部残砖砌成，其规格不一，砖下为素土垫层，中部被现代沟打破。

外径约11.8米，周边带廊，廊中至中宽约1.1米，净宽约0.5—0.6米。内径约9.8米。

那么八角形建筑基址是做什么用的呢？通过查阅20世纪20年代平面图，发现图中观耕台南有一似八角形荷池，此时正值先农坛开辟为"城南公园"的时期（图七）。八角形基址是否就是荷池，还待后续研究考证。

通过专家的现场论证，一致认为：八

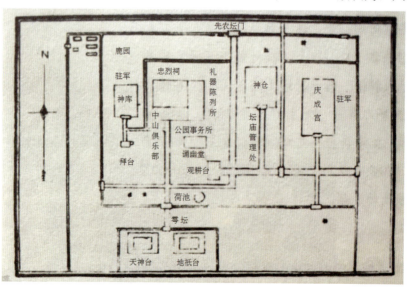

图七　20世纪20年代的先农坛平面图
（摘自《先农神坛》，原图绘制有误。地祇台应位于西，天神台位于东。——编者注）

角形建筑遗址部分青砖下为黄土，没有三合土垫层；青砖大小不一、不规整，外廊净宽约50—60厘米不等，不是清代官式建筑基础特征做法，疑为不再作为耤田之后添建，年代较晚。其历史文化价值远远低于耤田的历史文化价值。

（三）方案做法

1. 现状勘察：观耕台南侧场地为育才学校篮球场，经育才学校篮球场拆除工程完成后现状场地为杂土地面。

2. 方案做法：首先，对耤田遗址进行考古发掘、专家论证。其次，根据考古工作报告、历史文献及研究成果及相关规划等制定清代耤田景观展示方案。由于现状场地条件有限（场地周边为学校），清代耤田周边环境无法做到全面恢复，本次方案只在工程范围内进行恢复与展示，待条件成熟时再进行全面恢复。

（1）礼仪区（观耕台与耤田之间历史道路）

根据考古发掘结果并结合上文的分析，确定清代耤田遗址北边界至观耕台南台阶，宽约6.5米。东、西两侧道路延伸至发掘区外，已超出本次工程范围。

恢复"礼仪区"地面为停泥城砖墁地，下做垫层。现存礼仪区砖墁地进行现场遗址保护展示，顶部做安全玻璃罩防止雨水侵蚀遗存地面（图八）。

（2）耤田历史景观展示用地（图九—图十二）。

恢复清代耤田（一亩三分地）文物展示用地。根据考古发掘结果并结合《光绪

朝会典图》中所载："观耕台方五丈，高五尺……台前为耤田一亩三分。"展示观耕台前耤田历史景观用地。按清制折算，面积约800平方米。通过"亲耕之田"进深，推导出耤田面阔。耤田遗迹之中的八角形建筑基址采用土工布与回填土之间进行隔离，进行现状保护。

（3）耤田景观展示用地四周铺地。为配合工程后期进行展示展览等社教活动，耤田景观展示区四周采用透水砖铺地，待有条件时进行全面恢复（现状观耕台四周均为透水砖铺地）。

（4）围墙做法。结合上文中对耤田周边环境的分析（自乾隆十九年三月乾隆帝下令取消护坛地的耕种，先农坛内的面貌发生了改变，坛内广植松、柏、榆、槐，松柏成荫），并结合《雍正帝先农坛亲耕图》确定耤田南侧为布置的松柏。考虑到耤田遗迹周边现状条件，为确保博物馆内文物本体安全和景观环境的协调，本方案确定耤田围墙做法为柏树绿篱围墙（与古建馆现状围墙相连接）。

图九　腾退前

图八　砖墁地遗址保护展示

图十　腾退恢复后（孟楠拍摄）

图十一 春耕（闫涛拍摄）

图十二 秋收（闫涛拍摄）

（四）须待继续考证的问题：

祭祀时，播种谷种是否与文献记载一致？自清顺治十一年首开清代帝王行耕耤礼时，即定制在耕耤礼中，天子播稻种，诸王播麦种、谷种，九卿播豆种、黍种。其所获粮食储于神仓，以备祭祀。

本次考古发掘工作全程有科技考古工作者参与，以期能够与文献相印证。一是提取土样进行浮选，二是对每个探方进行取样以进行植硅石测试。目前，科技考古还在进行之中。

除上述内容外，先农坛完整历史格局的恢复对于"耤田享先农礼"祭祀路线的展示具有重要的意义和价值。其祭祀路线的恢复已远远超出了本次工程范围，唯待后续的保护工作中继续研究、逐步恢复了。

三、结语

北京先农坛经过明清两代建设，从明代始建到清乾隆时期的修缮，历经近600年，形成了别具特色的格局，它一反中国传统建筑中轴对称的平面布局形式，使整个建筑群蕴含着自然的灵动与亲切。

作为先农坛的管理使用者，我们有义务和责任梳理历史，还原本真，我们应该通过不懈努力，逐步恢复先农坛的规模建制，使先农坛独具特色的文物建筑较好的保存下来，同时希望通过北京先农坛的文物保护工作，让中轴线上的农耕文化继续发扬光大！

---

①《清会典图》卷十二，中华书局，1991年，第110页。

②《清会典事例》卷三百十三，中华书局，1991年，第690页。

③《清会典》卷三五，中华书局，1991年，第312页。

④《清会典》卷十七，中华书局，1991年，第145页。

⑤黄盛璋：《历代度量衡里亩制度的演变和数值换算》，《历史教学》1983年第3期。

⑥《清会典图》卷十二，中华书局，1991年，第117页。

⑦⑧《清会典图》卷十二，中华书局，1991年，第118页。

（作者单位：北京古代建筑博物馆）

探析徐悲鸿的文物保护观

刘　名

在博物馆概念尚未兴起之时，历代传世珍宝多在私人收藏家手中流传，文物在个人手中保存条件有限，难以避免损伤、毁坏、流失等厄运，令人痛心疾首。自古以来，许多有识之士和文物工作者为文物保护殚精竭虑。画家徐悲鸿的一生，也是为文物保护呕心沥血的一生，他的文物保护观，既有宏观上"致广大"的构建，又有微观上"尽精微"的付之一行，在我国内外交困的特殊年代，在我国文化事业推进的艰难备至之时，他以一位艺术巨匠特有的眼力和其毕生积蓄，苦苦收集艺术珍品，为文物保护奔走呼号，锲而不舍。

一、力主创建国立美术博物馆

1.认识到美术博物馆对文物收藏与保护的重要意义，倡导文物保护由"私藏"变"馆藏"，认识到"转藏为用"的重要性

最初博物馆只是供皇室或少数富人观赏奇珍异物的收藏室。18世纪末，西欧一些国家相继建立博物馆并向公众开放，这种方式引起中国留欧知识分子中有识之士的关注与兴趣，他们将西方美术博物馆的理念系统客观地引进中国，改变我国固有私有、私藏的古物保存模式，从而将我国博物馆事业的发展推向机构化、制度化的发展轨道，著名画家、美术教育家徐悲鸿正是这项事业的重要推动者之一。

徐悲鸿一生都以复兴中国画为己任，为发展中国美术教育事业呕心沥血，在他波澜壮阔的艺术人生中，他能系统、全面且深刻地意识到，美术博物馆的建设和发展对传承和发展我国美术事业的重要性和对文物保护的必要性，他曾在《学术研究之谈话》一文中讲道："一国美术之发达，非仅'开设学校'与派遣留学所能奏功，不得名师，学不足以大成；不见高贵之名画，而仅肄于学校，所得甚浅，此学校不足为力也……求美术之发达，止有建筑博物美术院之一法。"[1]还是在此文中，徐悲鸿坦言"生平有两大志愿，其一为己，必求能成可自存立之画品；其一为人，希望能使中国三馆同时成立，一、通儒馆；二、图书馆；三、画品陈列馆"。由此，他对美术博物馆传播和构建的决心可见一斑。所以在徐悲鸿的一生中，在不同的时间和场合，在他诸多的文章和言论中，关于美术博物馆的构建被反复论及。且随着自身阅历的丰富、艺术理念的成熟，在不同阶段，他对美术博物馆构建的设想和对文物收藏与保护的看法也呈现出不同的特点。

1918年5月，徐悲鸿参观了故宫文华殿收藏后，发表了著名的《评文华殿所藏书画》一文。文中写到："各国虽起自部落，亦设博物美术等院于通都大邑，俾文明有所展发。国宝罗列，尤其珍重，所以启后人景仰之思，考进化之迹。独我中华则无之。可慨叹也！而于东方美术代表之国家，其衰也，并先民之文物礼器，历史之所据，民族精神之所寄之宝物，悉数而丧之，使靡有孑遗焉，不尤可痛耶！吾往来南北，所见私家收藏古件可万计，佳者固夥，但生民憔悴，居吾旁者复以重利相

唼诱，其存也亡也未可必。且嗜古之士，大抵均昔日治东方学者之遗继，自今收藏家子弟得与乃祖乃父同其笃好乎？自未可知，自可为物危也。虽然，吾后起者倘有幸能以世界之美术物饫我印象，以世界之自然物扩我心志，有所凭焉，讵患不能自立！特吾古国也，古文明国也，十五世纪前世界图画第一国也，衰落至一物无存焉，不当引为深耻耶？嗟何术矣！愿与吾同志发奋自振，请从今始。"②

纵观此文，首先，徐悲鸿对建立博物美术馆的意义有了明确的表述，"启后人景仰之思，考进化之迹""吾后起者倘有幸能以世界之美术物饫我印象，以世界之自然物扩我心志，有所凭焉，讵患不能自立"即认识到美术博物馆服务大众、启蒙民智、培育国家观念、民族独立等的公共价值和保护民族文化遗产的重要性。并指出博物美术馆的收藏与私人收藏的不同，前者"代表之国家"，后者则因个人爱好的差异和个人力量的局限而出现弊端，"吾往来南北，所见私家收藏古件可万计，佳者固夥。但生民憔悴，居吾旁者复以重利相唼诱，其存也亡也未可必""且嗜古之士，大抵均昔日治东方学者之遗继，自今收藏家子弟得与乃祖乃父同其笃好乎？自未可知，自可为物危也。"此外，关于建立美术博物馆事业，他明确表态度："愿与吾同志发奋自振，请从今始"。

1926年，从欧洲学成归来的徐悲鸿已将传播美术博物馆理念、推动我国美术馆建设视为己任。他在《学术研究之谈话》中讲到："予此行自欧东归，兼从事于劝建博物馆之运动。"③在与《朝报》记者谈话中，徐悲鸿对"我国在文化方面年费数十万元，但国立美术馆迄今尚付阙如，且亦无人注意及之"的情况，认为是"殊为极大之遗憾"，明确表示"故回国后即向政府提议在首都建筑国立美术馆一所，盖以地广物博，且又拥有数千年优越之文化历史之古国，对于此种发扬文化之

设备，诚不可缺。"④但迫于"当局咸心有余力不足之感"的局面，他本人"为我国艺术界之前途计，现拟以己之力，向各方奔走，而筹募美术馆之基金（预算约十万元）"。

其实，早在1925年秋，徐悲鸿已将"劝建博物馆之运动"落在实际行动中。他曾劝新加坡华侨领袖陈嘉庚建美术馆，"陈君豪士，沉毅有为，投资教育与公益，以数百万计，因劝之建一美术馆，惜语言不通，而吾又艺浅，未能为陈君所重"⑤。

2. 主张文物的收藏与保护范围要涉及古今，哪些值得收藏，哪些不该收藏，态度明朗，毫不含糊其辞

我国近代个人收藏偏重金石书画，而轻视工艺器具，徐悲鸿认为这样的艺术旨趣会对文物和文献造成不可弥补的损失。在《评文华殿所藏书画》一文中，他对美术博物馆的藏品也有独特的见地，即美术博物馆应有"国宝罗列""先民之文物礼器，历史之所据，民族精神之所寄之宝物"。他在《因〈骆驼〉而生之感想》一文中说："国人之好古董也，尤具成见。所收只限于一面，对于图案或美术有重要意义之物，每漫焉不察，等闲视之。逮欧美市场竞逐轰动，乃开始瞩目，而物之流于外者过半矣。"⑥文中，徐悲鸿强调了"三代秦汉所遗之吉金食器""殉葬之俑、兽、器物"及花鸟画的重要性。他认为，这些人物群兽不仅"有奇姿好态"，具备近代作品难以企及的艺术价值，而且能够用以考证"古人衣冠器用、车马服制"等，弥补古文献的不足。1929年，在《惑》一文中，关于不能收藏什么的问题，他写道："若吾国革命政府启其天纵之谋，伟大之计，高瞻远瞩，竟抽烟赌杂税一千万元，成立一大规模之美术馆，而收罗三五千元一幅之塞尚之画十大间（彼等之画一小时可做两幅），为民脂民膏计，未见得就好过买来路货之吗啡洛因，在我徐悲鸿个人，却将披发入山，不愿再

见此类卑鄙昏聩黑暗堕落也。"⑦

3. 认为国立美术博物馆是文物保护的最好归属

"公家的美术馆办得像样，私家的宝贵收藏，自然就会向那里捐出，看郭世五先生向故宫博物院所捐收藏历代名瓷，以及傅沅叔先生将他的校勘的藏书凡四千部捐入北平图书馆，是其明证。"⑧

4. 指出国立美术博物馆有保护文物、传承民族精神的责任

在国家积贫积弱之时，徐悲鸿高瞻远瞩，指出美术博物馆有保存民族文化、传承民族精神的责任。在《中国今日急需提倡之美术》一文中，他指出："国家唯一奖励美术之道，乃设立美术馆。因其为民众集合之所，可以增进人民美感；舒畅其郁积，而陶冶其性灵。现代之作家，国家诚无术十一维持其生活。但其作品，乃代表一时代精神：或申诉人民痛苦，或传写历史光荣，国家苟不购致之，不特一国之文化一部分将付阙如，即不世出之天才，亦将终致湮灭，其损失不可计偿。"⑨所以，他本人"尚有一个愿望，即会合艺术界之同志组织一美术会，而以发扬光大我国固有艺术精神为宗旨。盖我国历代之艺术作品，其振作奋发之精神，似非现代作品所可同日而语。值兹民族颓靡、人心沉醉之时，余以为复兴中国文化工作，与复兴民族应有同等重要之意义。"⑩

作为一个正直、爱国、有担当的知识分子，徐悲鸿的国立美术博物馆构想既有拯救世风、启迪民智的理想性，又有打破传统、转藏为用的革新性。他奔走呼号，并在我国内外交困的特殊年代为其理想锲而不舍地惨淡经营。在文化与政界有识之士的共同努力下，1936年建成的江苏省美术馆成为中国第一座国家级美术馆，也是中国美术馆事业发展的开端。然而命运多舛，1937年日军占领南京后，美术馆被挪作他用。于他而言，国立美术馆的建设成为一个望尘莫及的愿景。理想遭遇现实掣肘的无奈，也勾勒出中国近现代美术博物馆事业的发展轨迹，文物保护之路任重而道远。

二、求诸己，以己之力，不计得失，以收藏之法实施文物保护之的

徐悲鸿的一生，也是文物收藏保护的一生。

他在《悲鸿自传》中说："吾爱画入骨，以爱画故学画，虽屡空，而百方借资购多画，中国藏欧洲名家作品之多，以吾为第一"⑪。徐悲鸿爱好收藏，历年来广泛搜集中国古代绘画作品、陶瓷、文玩、珍本印拓书刊，尤其喜欢藏画，其藏品之精、之广、之丰，也是中国近代美术史上比较罕见的。从20世纪二三十年代开始到1953年去世，徐悲鸿以自购为主的个人收藏中，唐、宋、元、明、清名人书画作品多达一千二百余幅，画册与绘画资料一万余幅，此外还涉及金石、碑帖、玉器等。

徐悲鸿的收藏，有保护中国国宝以免流失的深意，而保护过程是艰难而坎坷的。在《故宫所藏绘画之宝》一文中，他对我国国宝"百年以来，或遭豪夺，或受利诱，辗转迁移，流落于他邦，成为他人国宝者"⑫的情况深感愤慨，所以，对所见国宝不惜代价，常举债购之，给予保护。比如被视为"悲鸿生命"的《八十七神仙卷》，1937年偶然从一位德国人手中以1万元现金并加上自己的七幅作品购得，使流落异国他乡的国宝回归祖国，徐悲鸿认为这是平生最快意的事。然而1942年国宝的意外丢失也成了他终身最遗憾的事，深深谴责自己、悲伤地赋诗自忏：想象方壶碧海沉，帝心凄切痛何深。相如能任连城璧，负此须眉愧此身。后来又出20万元的高价和自己数十幅作品将画赎回。看到"完璧归赵"的国宝，悲鸿非常高兴，当即作诗一首表达自己的兴奋之情："得见神仙一面难，况与伴侣尽情看。人生总是葑菲味，换到金丹凡骨安。"《梅

妃写真图》的收藏也是如此，为了不使其流落到国外去，他毫不犹豫地出高价让卖主把画卖给自己而非外国驻华大使，并在画面题跋："此画以人物树石界画画法而论，可能是仇十洲作品，五百年中，惟仇方有此功力。而绢素新洁，虽赖保存之善，但终不能令人想象至五百年以上也。昔人有尊古之习，遽以为孤云处士王振鹏，实无根据。余因古人物佳幅难得，工整界画更难得，因借债收之。"⑬

最难能可贵的是，徐悲鸿终其一生的收藏，绝不是为了个人，或者说为了个人变成收藏家而致富，而是为了国家而收藏，为了建美术博物馆而收藏，为我国文物保护事业而收藏。

三、身体力行，身先士卒，保护南京古城墙和力促北平和平解放

1. 一介书生对峙中国最高权柄，为保存南京古城墙奔走呼号

南京明城墙是中国城垣史上最大的一座砖城，也是世界现存最长、规模最大、保存原真性最好的砖石构造城市城墙。然而，这么重要的历史文物却曾经差点被拆掉，而主张拆除的人，正是当时手握中国最高权柄的蒋介石。

1928年，国民政府迁都南京，随迁的办事机构急需建造办公用房，许多部门官员认为古代城墙已失去军事意义，不如拿城砖建造房子，既结实耐用又可节省不少经费，便纷纷打报告给国民政府请求拆除南京城墙。军事委员会主席蒋介石伙同南京国民政府以"新都建设需要，标卖南京城垣城基"，认为从太平门到神策门这段明城墙不是六朝古迹，没有必要保存，正式发文同意拆除。批文下达后，各大机关纷纷打报告要求提供城砖，而蒋介石任校长的南京陆军军事学校已抢先行动，准备拆除学校附近的一段明城墙用于修建学校校舍，南京城墙岌岌可危。

此消息一经传出，遭到文化界的强烈反对及谴责。时任南京国立中央大学艺术系教授兼南京古物保管委员会委员的徐悲鸿身先士卒，为保存南京古城墙奔走呼号，当即给北平政治分会拍电报，从历史和艺术两个方面阐述这段城墙的保存价值："首都后湖自太平门至神策、丰润门一带为宇内稀有之胜境，有人建议拆除此段城垣，务恳据理力争，留此美术上历史胜迹。"坚决反对拆除这段古城墙。

随后，徐悲鸿撰写文章《对南京拆城的感想》，文中对南京明城墙的价值认知，从过去单纯的军事防御实用价值范畴提高到历史文化价值和艺术审美领域的范畴，"南京之为国都，在世界各都会上占如何地位，我不敢知。我所知南京之骄视世界者，则自台城至太平门，沿后湖二千丈一段之Promenade，虽巴黎之Champs-Eises不能专美。因其寥廓旷远，雄峻伟丽，据古城俯瞰远眺，有非人力所计拟及者。而后湖为一荒塘，钟山徐比邱垤。以国内胜迹言之，虽比福州之西湖亦且不及维藉此绵延不尽，高巍严整，文艺复兴时代之古堞环绕之，乃如人束带而立，望之俨然，且亲切有味。于是寄人幽思，宣泄愁绪，凭吊残阳，缅怀历史，放浪歌咏，游目畅怀，人得其所，遂忘后湖为荒潦。视狮山峇堡垒以其有城堞之美，情景易也，乃二十世纪筹人之子，弁髦史乖……其建筑视德Loipoo，纪功塔，与罗马新建Emannel像为何知，虽溺爱中国者，不能乙彼而甲此，且恐不能一比例。"⑭徐悲鸿的此种认知，扩大了城墙科学、美学价值和情感价值的社会认同，这在明城墙保护史上是一次重大的价值认知转型。

在文中，徐悲鸿痛斥南京政府目光短浅："敝屣美术，用其道教五千年来文明无所遗之华人，孳孳为利，乃毁灭大地五百年前Donatelo时代之奇观，欲以其转建一尚不知作何用之中华民国国民政府者……而欲毁灭世界第一等之巨工，溯其谋乃利其砖。呜呼！刘伯温胡不推算，令

朱元璋多制亿兆大砖，埋之于今国民政府所欲建造之地，而使我四万万人拱戴之首都，失其低徊咏叹，徜徉登临，忘忧寄慨之乐国也。"并以西湖雷峰塔的倒掉为例，认为拆城行为是"续貂之举"："西湖雷峰塔，非以年代久远，建筑不固，而自倒者。因有妄人生病，食其砖当药石，因致万劫不复，遂丧西子湖之魂。乃不五年，又有此续之举，尤欲言美术，谈文化，噫嘻！"[15]

此外，徐悲鸿还向报界大声疾呼，接受外国记者的采访并广为宣传，他的电文及文章在社会上引起极其强烈的反响，得到社会各界的广泛支持。一介书生的针锋相对与毫不退让的行为，迫使蒋介石不得不顺应民心，下令停止拆除南京明城墙。

2. 力促北平和平解放，保护古城

1948年人民解放战争即将胜利，国民党要员纷纷逃离北平，教育部电令北平各大专院校南迁，且用专机将北平文化界的部分著名人士撤往南京。当时徐悲鸿及他所掌管的北平艺专都在南迁名单之内，徐悲鸿不仅坚决拒绝去南京，还劝齐白石留下，并明确表示："我原来就不打算南迁，我要留在北平，迎接解放。请转告蓝公武、刘澜涛先生，解放北平时，一定要保护好北平的文物古迹，使之免遭战火破坏。"此外他与北平艺专的主要负责人吴作人、李桦、王临乙、冯法祀、艾中信等人紧急磋商，达成共识：他们本人决不离开北平艺专，北平艺专也绝不南迁。同时徐悲鸿把教育部所给的南迁费用全部分发给全体教师、职工和学生会，作购买粮食之用，以保护好学校，为迎接北平解放做准备。

1949年1月中旬，傅作义邀请北平的社会贤达和学者名流开会，征求北平何去何从的意见。为了使古老的北平城免于战火，徐悲鸿挺身而出，在会上第一个发言："北平是驰名中外的文化古都，这里有许多宏伟的古代建筑，如故宫、天坛、颐和园等，在世界建筑艺术宝库中也是罕见的。为了保护我国优秀的古代文化免遭毁坏，也为了北平人民的生命财产免受损伤，我希望傅将军顾全大局，顺从民意，使北平免于炮火的摧毁，不战才可以保存这个名城。"[16]徐悲鸿铿锵有力的发言立即得到在座有识之士的支持，著名历史学家杨人楩也发言道："我完全支持徐悲鸿先生的意见，如果傅将军能为北平免于炮火而做出贡献，我作为一个历史家，将来在书写历史时，一定为傅将军大书一笔。"[17]接着，故宫博物院院长马衡等著名学者也纷纷表达了同意徐悲鸿保护历史文化名城的建言，希望北平能和平解放，确保人民的安全和保护古都文物古迹，最终傅作义接受了徐悲鸿等人的建议，北平城才毫发无损地保存下来。

徐悲鸿保护文物的行为还有很多，比如，南京郊外的尧化门一带曾是我国古代梁朝的陵墓，道路两旁矗立着一些高大的石人石马。徐悲鸿对这些宝贵的历史遗迹非常重视，常前往观瞻揣摩，为了能够仔细地研究，把这些文物上各式各样的浮雕和雕刻作品拍成照片保存。

再比如，他非常重视法海寺壁画的保护。1950年，中华全国美术家协会参观法海寺壁画时，发现壁画上钉有钉子，就报告给时任中央美术学院院长兼全国美术家协会主席的徐悲鸿，他惊悉此事后，对壁画的保护现状十分担忧，生怕再有任何闪失，就立即向中央人民政府反映。中央人民政府根据徐悲鸿的反映和建议，向北京市人民政府发公函，提出具体的保护壁画的方案。

四、全部画作及收藏无偿捐给国家

"文物藏之子孙，莫若藏之国家。藏之子孙，难免散失；藏之国家，万无一失。"自古以来，许多有识之士把家传之宝捐献国家，以免散失损毁，又能发挥文物的社会功能。新中国成立后，文物保护日益受到国家和社会的重视，政府还尽力收购重要文物，许多过去流散于民间的稀世之宝，如今重回国家和人民手中，徐悲鸿深感安慰。徐悲鸿的收藏，有保护中国国宝以免流失的深意，也有"藏宝于国，施惠于国，施惠于民"的情怀，所以他一直就有把自己的藏品捐献给国家的意愿，他生前曾一再对廖静文说，他是为了祖国而保存这些作品的，竭尽心力收购和保护，惟恐它们流失到国外，他是人民的艺术家，他的作品和他的收藏属于人民。

早在1935年，徐悲鸿就想捐献作品及收藏，在广西桂林独秀峰下建一美术馆，但由于全国抗战爆发，未能实现。

1951年7月末，徐悲鸿因脑溢血住院，病情一度危急。当病情稍有好转能讲话时，就嘱托夫人廖静文：万一自己不幸病逝，请将自己的作品和全部藏品捐献给国家，供全国人民欣赏。

1953年9月26日，积劳成疾的徐悲鸿因突发脑溢血倒在中央美术学院院长的工作岗位上。为了感谢党和国家对徐悲鸿的关怀，也为了圆徐悲鸿先生"他的创作和收藏都应当为人民服务"的梦想，廖静文在徐悲鸿去世后，将徐悲鸿一千二百余件呕心沥血之作和他一生节衣缩食购藏的唐、宋、元、明、清及近代名家的作品一千一百余件，徐悲鸿生前收集的中外美术书籍、画片、碑帖等一万余件，以及家具什物等，全部无偿地捐献给国家。1954年，廖静文又捐出北京东受禄街16号院子的房子，这里是徐悲鸿生命中最后六年度过的地方，文化部以此为馆址建立徐悲鸿纪念馆，周恩来总理题写了"徐悲鸿故居"匾额，郭沫若题写"徐悲鸿纪念馆"馆名，才使人们得以目睹这些罕世之宝的惊人风采。这是文博界的幸事，更是全社会的福音。

徐悲鸿说，每个人的一生都应当给后代留下一些高尚的东西。他一生视文物保护为己任并为之奋斗的家国情怀、胸襟抱负让我们由衷感奋，他为新中国文物事业发展做出的重要贡献值得我们铭记和传承。

———————————————

①③徐悲鸿：《学术研究之谈话》，王震编：《徐悲鸿文集》，上海画报出版社，2005年，第11页。

②徐悲鸿：《评文华殿所藏书画》，王震编：《徐悲鸿文集》，上海画报出版社，2005年，第1页。

④⑩徐悲鸿：《对〈朝报〉记者谈话》，王震编：《徐悲鸿文集》，上海画报出版社，2005年，第72页。

⑤徐悲鸿：《悲鸿自述》，王震编：《徐悲鸿文集》，上海画报出版社，2005年，第36页。

⑥徐悲鸿：《骆驼》，王震编：《徐悲鸿文集》，上海画报出版社，2005年，第56页。

⑦徐悲鸿：《惑》，王震编：《徐悲鸿文集》，上海画报出版社，2005年，第23页。

⑧徐悲鸿：《世界艺术之没落与中国艺术之复兴》，王震编：《徐悲鸿文集》，上海画报出版社，2005年，第138页。

⑨徐悲鸿：《中国今日急需提倡之美术》，王震编：《徐悲鸿文集》，上海画报出版社，2005年，第53页。

⑪徐悲鸿：《悲鸿自传》，王震编：《徐悲鸿文集》，上海画报出版社，2005年，第55页。

⑫徐悲鸿：《故宫所藏绘画之宝》，王震编：《徐悲鸿文集》，上海画报出版社，2005年，第73页。

⑬王震编：《徐悲鸿文集·画论、题记选录》，上海画报出版社，2005年，第231页。

⑭⑮徐悲鸿：《对南京拆城的感想》，王震编：《徐悲鸿艺术随笔》，上海文艺出版社，2012年，第44页。

⑯廖静文：《徐悲鸿传》，中国青年出版社，2010年，第297页。

⑰廖静文：《徐悲鸿传》，中国青年出版社，2010年，第298页。

（作者单位：徐悲鸿纪念馆）